一番売れてる株の雑誌
ダイヤモンド ザイ Diamond ZAiが作った!

ニートですが、
何か？

チャートで稼ぐ「株」入門!

～必勝SEXYボリンジャー投資法のすべて～

ダイヤモンド・ザイ編集部×
著 ワタナベくん
絵 朝倉世界一

くびれが
チャーーーンス!

Sexy♥
Bollinger
bands

ダイヤモンド社

PROLOGUE

プロローグ デイトレーダー ワタナベくんはこうして生まれた！

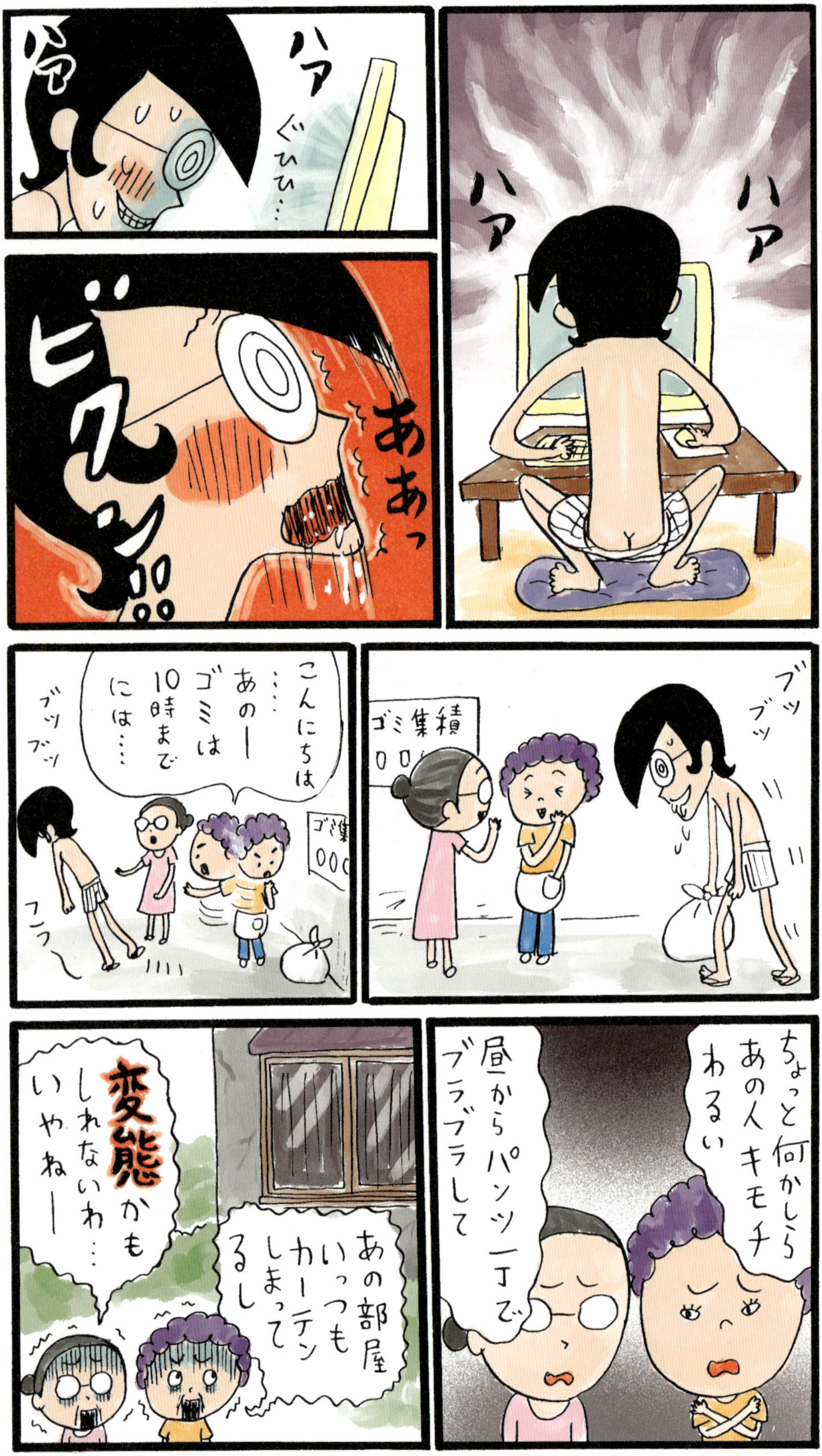

オイショー銀行
ATMコーナー
ズラ～ッ
もー
お昼休みはいつも
込むんだから……
時間なくなっちゃう
イラ
イラ
ちょっと何よ
あの男……
ニートなら
わざわざ
こんな
時間に
来ないで
よね
ブツ
ブツ
引き出し
振込み
記帳
ブツ
ブツ
どうせ
おろす
お金も
ロクに
ないくせに
10000
壱万円
引き出しカンリョウ
オイショー銀行
¥5.000.000-
……
ブツ
ブツ

とぼとぼ
ブツブツ
ピー
ズルズル
CUP メン
フウ〜
コチ…
キラ〜ン
ニヤッ
あはははは
ハアハア
ハアハア
ひーっひひひひ
カチャカチャ
カチャカチャ

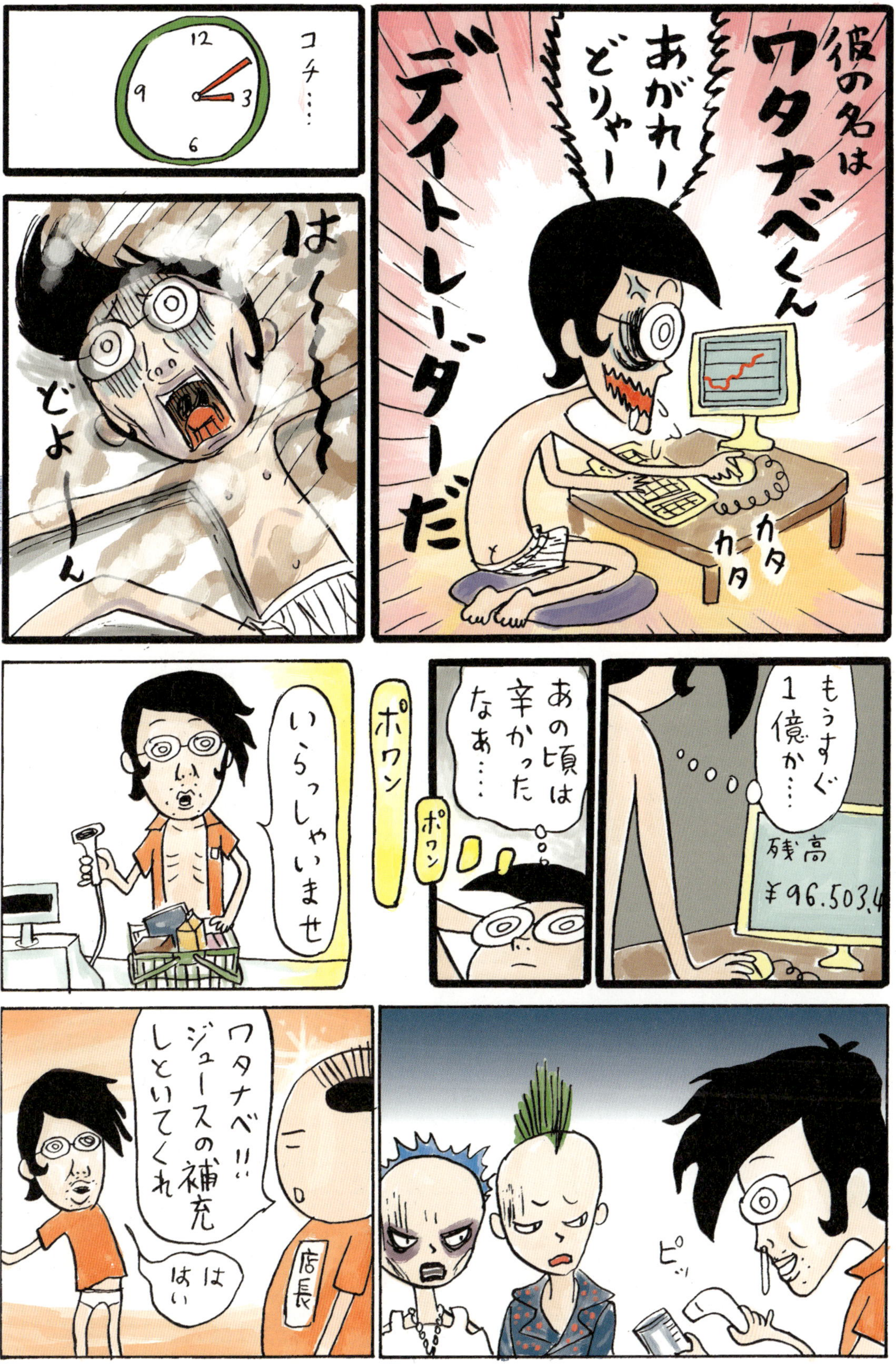
彼の名はワタナベくん
あがれー
どりゃー
デイトレーダーだ
カタ カタ
コチ……
12 3 6 9
はーーーー
どよーーん
もうすぐ1億か……
残高
¥96.503.4
あの頃は辛かったなあ……
ポワン
ポワン
いらっしゃいませ
ピッ
ワタナベ!! ジュースの補充しといてくれ
はは はい
店長

うーんっ
ワナワナ
プルプル
うわあ
ガシャーン
ンモー!!
クビだあ
バサ
うわ
株かあ……
日経平均2万円超え
ITはまだまだイケル
落武者流一郎先生 株式セミナー
で、ありますからして
最近の下げは
調整にすぎませんっ
小さな値動きに一喜一憂せず
バッ
信じられる会社の株を持ち続ける!!
これこそ投資の王道です

ソニーが最高です
ソニー(6758)
ゴクリ
えい
カチッ
買ったそばから
がーン
含み損!!
し…信じて待ち続けるんだ
数週間後
小さな値動きに
数ヶ月後
一喜一憂しないで
数年後
がびーん
半分以下
パポピ
あの先生に聞いてみよう
もしもし…数年前のセミナーで推奨されていたソニーなんですが
アハハハハ あんなクソ株まだ持ってたの!? とっとと損切りしないとダメだよ~!! イヤだなあ…あ、投資は自己責任だからヨロシクネ~

ぐやぢい……
せめて残ったお金で……
最後に1回だけ……
自分で選んだ株を買ってみよう
神さまお願いします
カチッ
ドンドン
ワタナベさーん家賃すぐ払ってねー
大家さんだ
あーどうしよう株で損したから
もうお金なんてないぞ!!
……
今買ったばかりだけどこの株は売るしかないな
株には縁がなかった
○○株
益 +36,000
えっ今買ったばかりなのにもう家賃の分だけ得してるじゃないか!!
ピカ
あ!

これで1日1万円稼げたら生活できるじゃん!!
1000円利益確定!
定食GET!
5000円利確
光熱費GET!
利益確定3万6000円
家賃GET!
3000円損切り
メロンLOST
新型PC GET!
1万円利確!!
新巻鮭GET!!
ジーパンLOST
いきなり数百万円儲けようとして大損するより・・・
ハア
いきなりずしLOST
肉GET
ハア
コツコツ数万円積み上げていく方がボクには向いている
1回の利益は小さくてもいいから・・・
もっと利確を
こうしてデイトレーダー・ワタナベくんが誕生した!!

ワタナベくんよりごあいさつ

本を書くことになったいきさつについて

はじめまして。この本の著者のワタナベと申します。特技は株のトレードで、趣味も株のトレードで、仕事（と言えるかは微妙ですが）も株のトレードです。

この本を書かせていただくことになったきっかけは、愛読していた株の雑誌『ダイヤモンドZAi』の「ミニ株バトル」という企画に、読者枠で参加させていただいたことです。自腹の100万円を1年間運用して、誰がいちばん増やせるかというレースで優勝しました。

それは2005〜2006年のことで、日本には空前の株ブームがきていました。最初は新興市場の株がアホみたいに上げ、それが一段落したら東証1部の大型株がバカみたいに上がりました。ありったけ買って放っておいたら、儲かった相場です。

そんな時に、僕はチマチマと売ったり買ったりを繰り返し、数千〜数万円を積み上げるトレードをしていました。ITバブル崩壊（2000年）を目の当たりにした恐ろしさから、どうしても宵越しの株を持つことができなかったのです。

読者の方や対戦相手から「ワタナベくんはビビりすぎ！」ということで“チキン・ワタナベ”の称号をいただいたりもしたのですが、終盤にライブドア事件があって「やっぱりワタナベくんが正解だった」という評価になりました。

チキンですが、何か!?暴落を生き伸びた理由

そのようなご縁があって「ミニ株バトル」終了後も、短期トレードの特集で取材されたり、読者ページにコラムを書かせてもらうようになりました。あるに時はインタビュアーとして、ボリンジャーバンドの開発者であるジョン・ボリンジャーさんや、天才トレーダーのBNFさんにもお会いさせていただきました。

一方、株式相場はそれ以降も、「サブプライム・ショック」（2007年）や「リーマン・ショック」（2008年）といった、数々の暴落に見舞われました。その度に編集部の人たちに「今回はどれだけ損したか」を事情聴取されるのですが、僕はほとんど無傷で生き残っていたため「ちょっと、どういうトレードしてんのさ!?」という話になり、それが本書の主たる内容になっています。

デイトレよりもいい投資法を見つけました！

「ミニ株バトル」では、毎日のように〝売ったり買ったり〞を繰り返していましたが、今はあのようなバチバチなトレードは、ほとんどしていません。取引所や証券会社のシステムトラブルが相次いだり、新興市場の出来高がめっきり減ってしまったり、歳をとって体力がもたなくなったなど理由はいろいろあります。

が、最大の理由はチキンな自分でもある程度、株を持ったままでいられる方法を確立したからです。それが、本書のタイトルになっている「セクシーボリンジャー投資法」です。名前はふざけていますが、中身はいたって真面目です。ちなみに、名付け親はＺＡｉの尾川編集長です。「セクシーボリンジャー投資法」はとてもシンプルな投資法なので、どなたでも真似できます。ですが、どうか本著を買いかぶって、人生を左右するような大金を投じたりはしないでください。大勝負は人の判断を狂わせ、運命を弄びます。セクシーなんとかだけで大金持ちになれるほど、甘くもありません。そもそもこれを書いたのは「チキン」と呼ばれたビビリ野郎だということを忘れないでください。でも、焦らずコツコツ積み上げていく分には、とてもいい投資法だと思います。

もう長期投資では儲からないと思います…

本著の隠れた野望としては、長年〝株式投資の王道〞と謳われながら、そのせいで数え切れないほどの個人投資家を再起不能にしてきた「長期投資の幻想」を打ち壊したい！ 洗脳を解きたい!! というのがあります。もう「自分の好きな会社、応援したい会社の株を買って、長期で持ち続けていれば自然と儲かる」時代は、とっくに終わっています。

相場は厳しい世界ですが、誰にも平等にチャンスがあります。学歴や資格は関係なく、年齢や性別も問われず、運と実力がモノを言います。そして努力をすればしただけ身に付き、何かが得られる世界です。

この本に僕の10年間の経験と努力をまとめました。どうか使ってください。この本を読んで、僕がやらかした失敗と無駄な努力を回避して、利益を得てもらえたら嬉しいです。

著者・ワタナベ

Contents

CHAPTER 3

セクシーボリンジャー投資 実践編

CHAPTER 4

チャートに＋αで精度を高めよう！

CHAPTER 5 信用取引入門

CHAPTER 6 素早い損切り しぶとい利確！

CHAPTER 7

ワタナベくんのデイトレ教室

CHAPTER 8

使い勝手のよい証券会社選び

CHAPTER 1

チャートで売買するための基本

好きな会社の株を買って応援する気持ちで持ち続ければ、
数十年後は大金持ちになっている…んなこと、ないない！
世界に名だたる優良企業も高値で買えば損するし、
業績赤字のボロ会社だって安値で買えば利益が出せる。
つまり、株で儲けるには好きな会社を探すより
株価の上がるタイミングを探すほうが重要ってこと。
チャートを見れば、それがわかります！

ワタナベ式は、チャートの売買で勝つやり方だ!

なぜ業績を見て売買するのではなく チャートで売買するのか?

ファンダメンタルズ投資 vs テクニカル投資

株式投資には、事業の内容や財務の状況、業績の好不調を見て売買する**「ファンダメンタルズ投資」**と、株価の動きや出来高の増減を見て売買する**「テクニカル投資」**があります。短期売買の場合は、もっぱら「テクニカル投資」を使います。

なぜ「ファンダメンタルズ投資」ではないのか。理屈では、将来有望な事業を手掛けていたり、財務が良好であったり、業績が好調な企業の株は買われます。でも、現実の相場では、そうならないことばっかりです。

例えば、太陽電池や環境自動車に関連する事業が有望なことは、誰だって知っています。それでも、米国で大手証券会社が倒産してから数カ月間、そうした分野に関連する企業の株価は下がり続けました。地球温暖化と、米国の証券会社の存続には、何の関係もないのにです。

長い目で見れば、そうした企業の株は上がるのかもしれません。でも、それは来年かもしれないし、再来年かもしれません。数年後にやっと自分の買値に戻ったとして、その投資には何の意味があるのでしょう。

「株を持つことで、企業を応援しているんだから、別に損得は気にしない」「余裕資金だから、最終的にちょっとでもプラスになればいい」という人は、それでもいいでしょう。でも、**個人投資家の大半は、1円でも多くお金を増やすために株投資をやっているのだし、目減りして気にならない余裕資金なんてないと思います。**

一番大事なのは売買のタイミング!

株は、いい銘柄を買えば儲かるわけではありません。**安く買って高く売るから儲かる**のです。

つまり、**利益を出すのに一番大事なのは売買のタイミングであって、それを判断できるのは、チャートをはじめとした「テクニカル情報」です。**

「タイミングだけで売買するのは、投資じゃなくて投機だ」と言う人もいますが、投機で結構じゃないですか。そもそも、個人投資家が安心して株を持ちっぱなしにできるほど、株式市場は平和ではないし、情報公開もされていません。

個人投資家が、なるべく損をせず、かつ効率的に資金を増やしていくには、**テクニカル投資しかないんじゃないかと思うのです。**

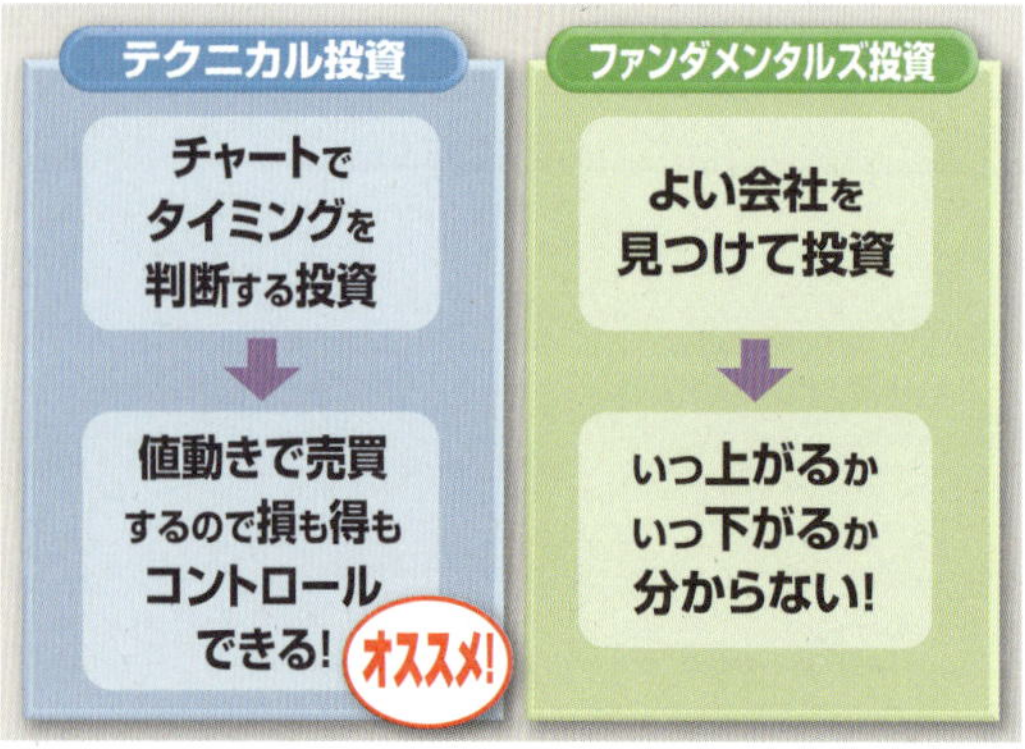
テクニカル投資
チャートでタイミングを判断する投資
値動きで売買するので損も得もコントロールできる!
オススメ!
ファンダメンタルズ投資
よい会社を見つけて投資
いつ上がるかいつ下がるか分からない!

いつ上がるか分からない株より、上がりそうなチャートの株を買おう！

株式投資の本では「将来性のある業績のいい会社を買おう!!」とよくいいますよね
太陽光発電銘柄
たしかにいつかは上がるかもしれないけど、それが「いつ」かはだれもわからない
ECO
エコ
鳩山
オバマ
オバマや鳩山に持ち上げられて環境銘柄万歳と言われているけど実際は…
1日後かもしれないし1ヶ月後下手したら10年後かも…
太陽光発電銘柄
投資して30年
やっと上がったわいこの投資は成功なんじゃろか？
途中でリーマン破綻やライブドアショックがあったらもっと先になるかも…
ホリエモン
「いい株」を買えば儲かるとは限らず「売買のタイミング」がよければ儲かるのです！
そのためには「チャートで判断する売買」がよい、と思いませんか
タイ
ミン
グ
高く売る
安く買って
「売買のタイミング」がよければ儲かるのです！

用語解説 KEY WORD

ファンダメンタルズ投資《ふぁんだめんたるずとうし》

ファンダメンタルズ投資は、業績を中心に企業の割安度を考慮して売買する投資で、株式投資の王道とされています。売上げや利益が伸びている会社を探したり、その会社の資産よりも株価が割安な銘柄を買ったり、と理屈をつけて語りやすいので、特に男性に好まれているといえます。一方、テクニカル投資である、チャート売買はなぜかややさげすまれています。儲けるという投資の原点から考えれば、本来はどちらでもよいのではないかとワタナベは考えています。ま、ぼくはテクニカル派なんですけど。

投資と投機《とうしととうき》

投資とは、理論上プラスになっていく前提のものにお金をつぎ込んで、増やしていくことをいい（プラスサム）、投機とは、繰り返してもプラスにならなかったり、マイナスになりそうなことにお金をつぎこむことを言います（ゼロサム、マイナスサム）。でも、テクニカル投資が投機と言われようと、実際にお金を増やしていたら、結果的にはプラスサム。結果オーライでは？

好きな会社の株を買えば儲かるわけではない!!

長期投資で儲かる時代は終わった!
株はほったらかしできるほど甘くない

ほっとけば儲かるなんてあり得ない!

「初心者は小さな値動きに一喜一憂せず、好きな会社の株を買い、応援する気持ちで長く持ち続けることが、結果的に利益につながる」というようなことを言うエライ人がいますが、信じてはいけないと思います。

自分の好きな会社の株が、上がる株とは限りません。会社が100社あれば、その100社にファンがいます。好きな会社の株が上がるなら、どの株も上がるはずです。会社を応援するなら、株を買うより商品を買って、評判を広めたほうがいいです。

長期で持ちさえすれば儲かるように思わせるのも、どうかと思います。歴史の長い会社は、数十年前に比べれば、株価が上がっているかもしれません。ですが、**その陰で上場廃止になった会社もたくさんあります**。

日本は戦後ずっと人口が増え、右肩上がりの経済成長を続けていました。そんな圧倒的に有利な状況でなら、テキトーに好きな会社の株を買っても、儲かる可能性が高かったのは当然です。ですが、これからはそうはいきません。

一番ズルイと思うのは**「長期だから結果はまだ出ない」と言えば、いつまでだって言い逃れができてしまう**ことです。

長期投資こそ買うタイミングが重要!

しかし、そうかと言って「長期投資なんてあり得ない！」と思っているわけでもありません。実のところ、僕も長期投資には憧れています。ただし、それは買値から十倍以上にもなった含み益を、たんまり持ってからの話です。

そのためには、**株価が歴史的に安くなった時に買う必要があります**。慎重にタイミングを見極め、上昇トレンドにならなければ、好きな会社であろうが容赦なく損切りします。

幸いにも買った株が反発すると、今度は利益確定したい気持ちに駆られるはずです。その誘惑に打ち勝って、我慢に我慢を重ねて、含み益を大きくします。時には下げる局面もあるでしょうが、そこは堪えます。

つまり、長期投資とは、まず短期投資が成功して、その結果可能になるものではないでしょうか。株式投資は素人がほったらかしにできるほど甘くはないし、まして や「塩漬けの成れの果て」であってはいけないと思います。

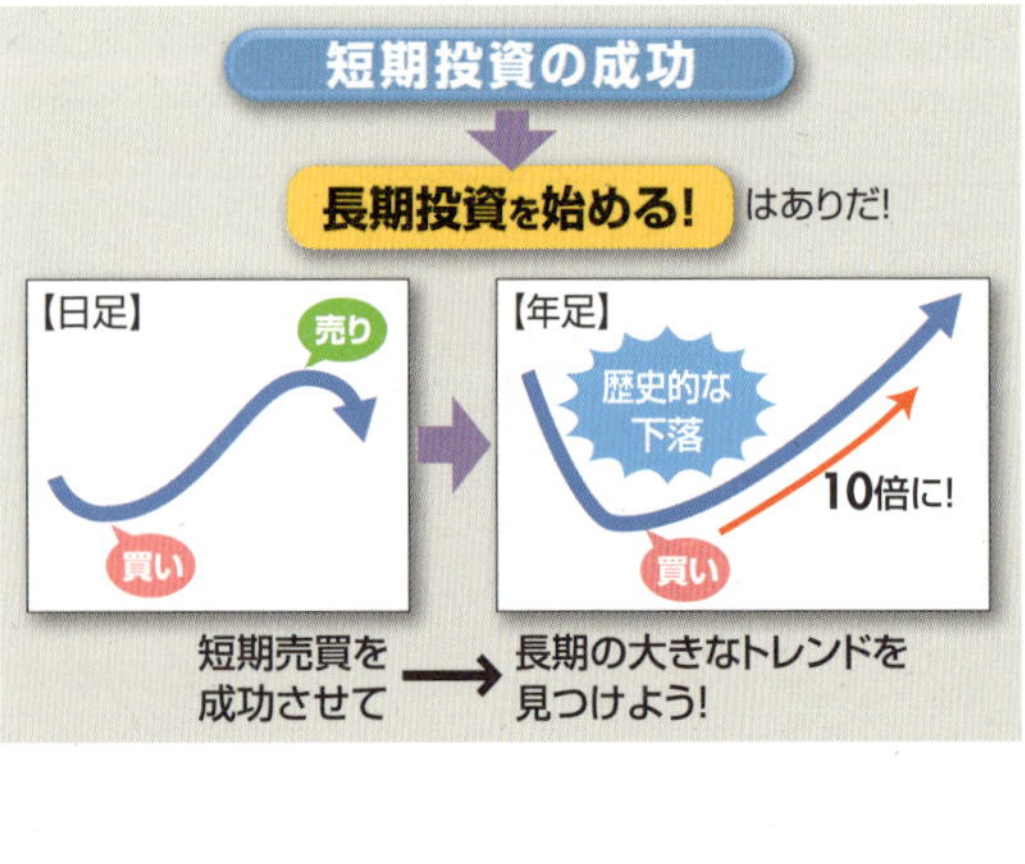
短期投資の成功
長期投資を始める! はありだ!
【日足】
売り
買い
【年足】
歴史的な下落
10倍に!
買い
短期売買を成功させて
長期の大きなトレンドを見つけよう!

いつ買っても上がる時期なのか、そうじゃない時期なのか見極めよう！

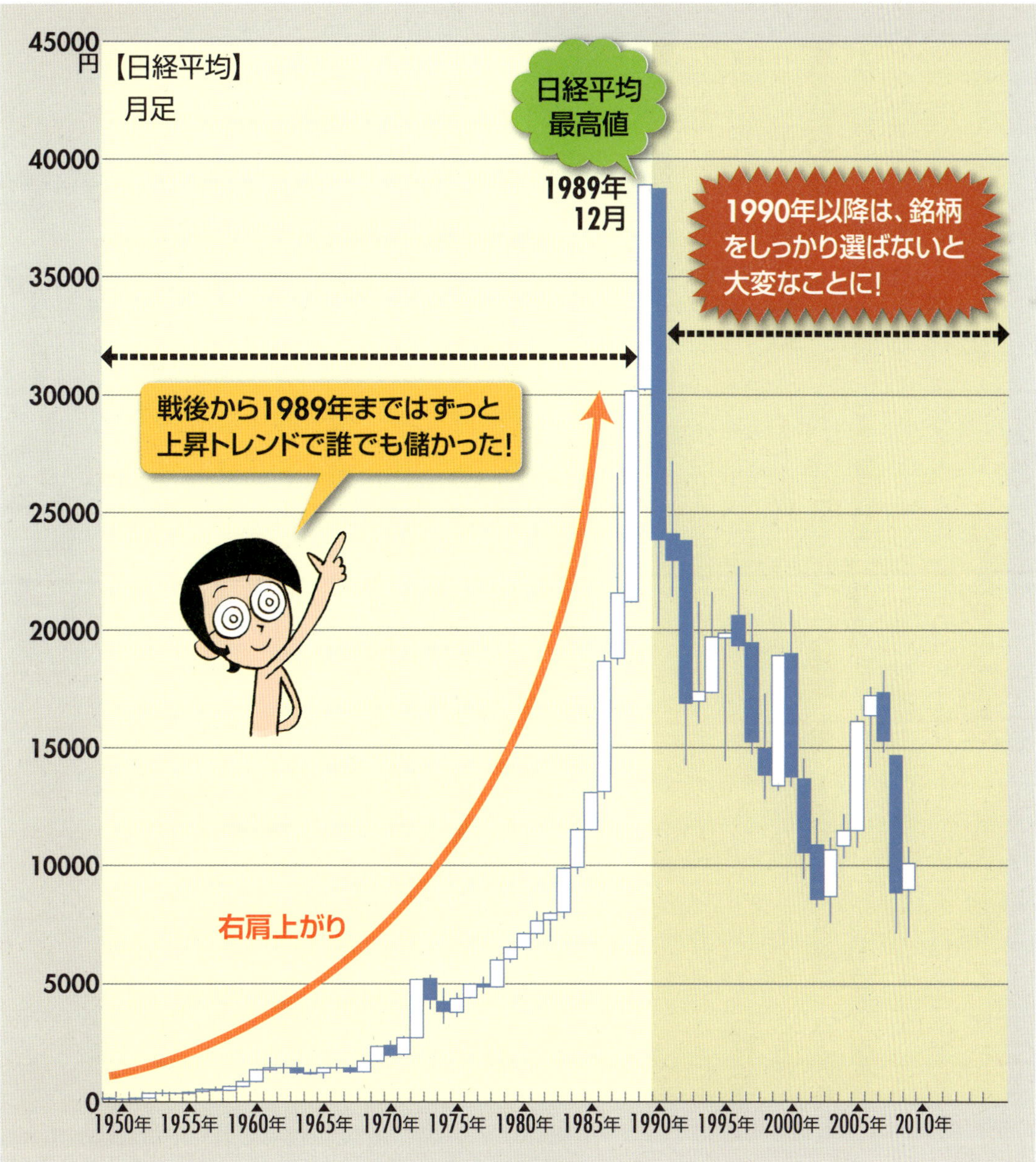
【日経平均】
月足
45000円
40000
35000
30000
25000
20000
15000
10000
5000
0
日経平均最高値
1989年12月
1990年以降は、銘柄をしっかり選ばないと大変なことに!
戦後から1989年まではずっと上昇トレンドで誰でも儲かった!
右肩上がり
1950年 1955年 1960年 1965年 1970年 1975年 1980年 1985年 1990年 1995年 2000年 2005年 2010年

用語解説 KEYWORD

投資期間《とうしきかん》

長期投資がどの程度の期間を指すかについて明確な定義はなく、一般的な使われ方もまちまち。本書では便宜的に、1日以内をデイトレード、数日~数週間を短期投資、半年以内を中期投資、半年以上を長期投資としている。

上場廃止《じょうじょうはいし》

投資家が長期投資を願っても、上場廃止になってしまえば諦めざるを得ない。05~09年の5年間でも、実に561社が上場廃止の憂き目に遭っている。「親会社による吸収合併」もかなりあり、全てが紙屑になった訳ではないが、長く持ちさえすれば必ず買値に戻ると思うのは間違い。

塩漬け《しおづけ》

株式投資では、買った銘柄が含み損をかかえて売るに売れなくなった状態を〝塩漬け〟にする、と言う。上がった頃合まで、ほっておくという意味だと思いますが、本当は短期目的で買ったのに売れずに持ち続けることになったのに、「この株は長期だから」と言い訳に使われることが多い。

高値更新やWボトムには意味がある！

チャートには投資家の心理が投影されているから信憑性がある！

チャート分析はオカルトじゃない！

チャートについて「株の将来価値を予測するのに、過去の株価を見てもしょうがない」という人がいます。方位方角みたいな、オカルトだと思っている人もいるみたいです。

チャートには、**株価の値動きを予想するセオリーがあります**。もちろん未来のことですから、確実ではありません。けれど、それはそれで、ちゃんと**投資家の心理に基づいたもの**です。

例えば、株価が高値を付けた後にいったん下がり、また同じ高値に戻ってきた場合。ここで前回の高値を越えれば「高値更新」で、その後の上昇はスムーズになります。逆に、超えられなければ「ダブルトップ」で、それ以上の上昇は難しくなるとされています。

どうして、そうなるのか。最初の高値で買った人の立場になってみてください。「まだ上がる！」と思って買ったら、いきなりの含み損です。貧乏くじを掴んで、不安と後悔に苛まれます。何とか下げが止まって上昇に転じると、こう思うはずです。

「せめて買値に戻ってくれ！　早く含み損から解放されて、ラクになりたいよ」と。株価が下がるほど、含み損を抱えて**「買値に戻ったら売ろう」**と待ち構える人が多くなるので、上昇の試練になります。ここで前回の高値を抜けられないと**「この株の上昇も、もはやここまでか…」**と観念し、売りが出やすくなるのです。

ところが、このハードルを突破すると、この株を持っている人はみんな含み益になります。気持ちに余裕があると、焦って売る必要もないので、ますます下がりにくくなるというわけです。

投資家の心理には行動パターンがある

株価が安値を付けた後にいったん上がり、また同じ安値に戻ってきた場合は逆です。**「安値割れ」**になってしまうと「この株の底はまだ下だ」と見捨てる人が続出ますが、反発して**「ダブルボトム」**になると「2度も跳ね返るなんて、この株はこれ以上は下がらないんだな」と安心して、買われやすくなるのです。

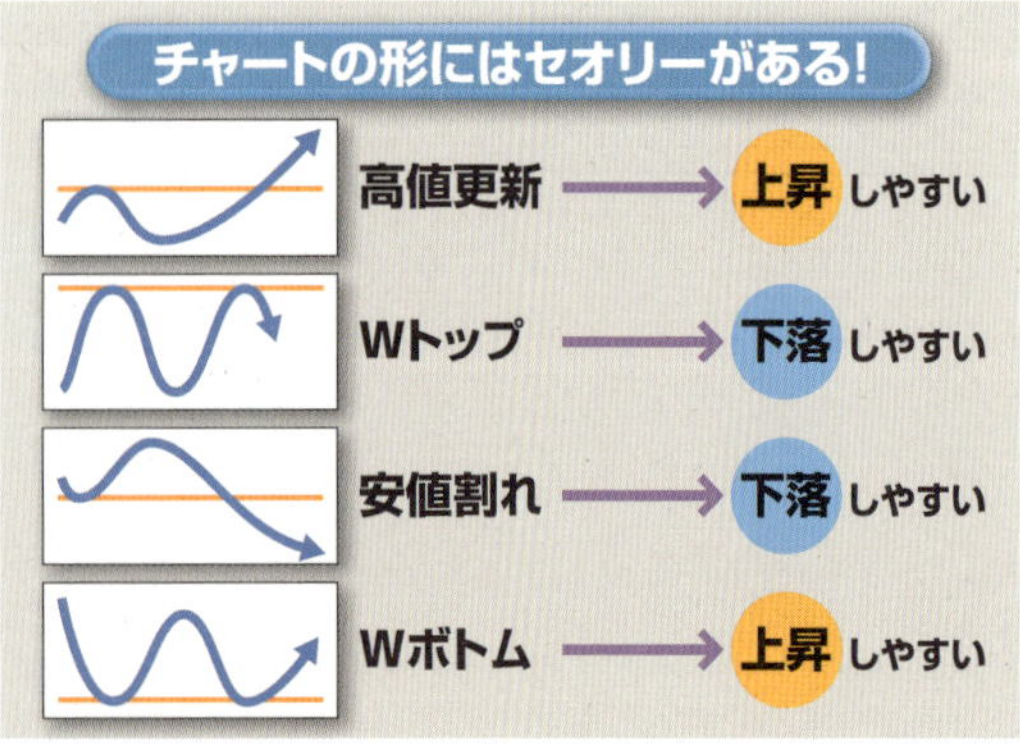
チャートの形にはセオリーがある!
高値更新 → 上昇しやすい
Wトップ → 下落しやすい
安値割れ → 下落しやすい
Wボトム → 上昇しやすい

セオリーの名前だけだと「それってホントに当たるの？」となるでしょうが、こうして投資家の心境を考え合わせると、チャートがそれなりに信頼に足るものであると、わかると思います。

チャートの動きには投資家の気持ちが表れている

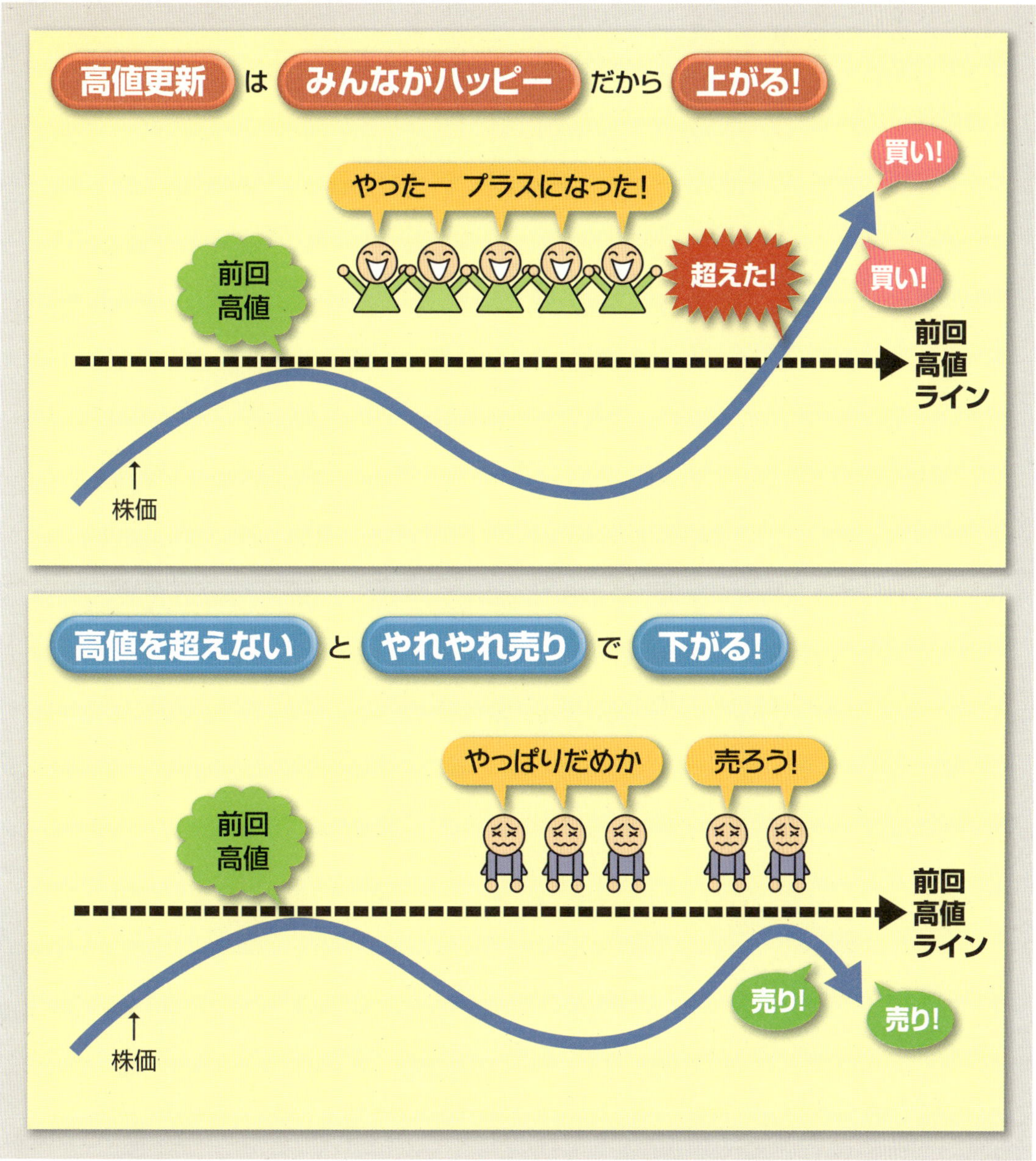
高値更新
は
みんながハッピー
だから
上がる!
買い!
やったー プラスになった!
前回
高値
超えた!
買い!
前回
高値
ライン
株価
高値を超えない
と
やれやれ売り
で
下がる!
やっぱりだめか
売ろう!
前回
高値
前回
高値
ライン
売り!
売り!
株価

用語解説 KEYWORD

高値更新《たかねこうしん》

過去の高値をどこまでさかのぼって「高値更新」とするかは、ケース・バイ・ケース。日足ベースで見るなら、6ヵ月くらいを基準にすることが多い。その年の最高値を更新した場合「年初来高値」、過去の最高値を更新した場合は「上場来高値」といって区別する。

やれやれ売り《やれやれうり》

株価が上昇して、含み損だった投資家たちが「やれやれ、ようやく苦しみから解放される」と買値付近で売ってくること。過去の高値はやれやれ売りが出やすい「節目」になっており、このしがらみを振り切らないとそれ以上の上昇は見込めない。

投げ売り《なげうり》

これ以上の株価上昇は見込めないと判断し「えーい、もういくらだって構うものか!」と投げやりな気持ちで株を売ること。投げ売りは成行注文で出されるので、急落を招きやすい。過去の安値を割り込んだり、しばらく粘っていたが力尽きて下落したような場合に出る。

出来高が相場の過熱感を教えてくれる!

「出来高」とあわせて見ればより確信が持てるトレードができる!

出来高はチャートに裏付けを与えてくれる

チャートを見る時に、あわせて参考にしたいのが**「出来高」**です。値動きから読み取れる投資家の心理に、数の裏付けが加わります。

例えば、前回の高値を突破できるかという場面では、その高値を付けた日にどれくらいの出来高があったかを見ます。**突出して多ければ、それだけ含み損を抱えた人が多く待ち構えているので、やすやすとは突破できないだろう**と考えられます。

逆に、前回高値を付けた日の出来高よりも、反発してからこれまでの出来高のほうが多ければ、**含み益になっている人が数の上で優るので、前回高値の突破にも期待が持てます**（ただし、高値を抜けられないと今度はその人たちも売りに回るかもしれないので、買うのは突破した後です）。

株価が急落した時にも、出来高は参考になります。株価が大きく下がるほど、含み損を抱える投資家は多くなるわけですから、回復の道のりは険しいと考えられます。けれど、**その急落でものすごく巨大な出来高ができたとしたら**？

含み損を抱えた投資家の多くは投げ売り、その銘柄の多くの保有者は安値で拾った投資家と入れ替わったことになります。逃げ遅れた投資家は「こんなに損して、これからどうなるのか…」と悲嘆しているかもしれませんが、安値で拾った投資家たちは少しでも反発すれば含み益ですから、同じ株を持っていても見えている世界は全然違うのです。

極端に出来高の少ない銘柄は避ける

行動予測のアンケートなどもそうですが、こういうのはある程度のサンプル数がないと、信頼のおけるデータになりません。

これは自分の体験談ですが、ある時、出来高の少ない株をたくさん持っていて、その株が前回高値を突破したので少し買い増そうと思いました。ところが、注文操作を間違えて、全部売りに出してしまったのです。

普通なら「こんなチャンスに売るアホがおる」と、すぐに買う人が現れるものですが、なにせ参加者の少ない銘柄でしたので、そのままズルズルと下げに転じてしまいました。

テクニカル投資をする場合、ある程度の出来高のある銘柄を選ばないと、こんなバカバカしい誰かのミスにも振り回されることになります。

出来高とあわせて見るとより心理がはっきりする！

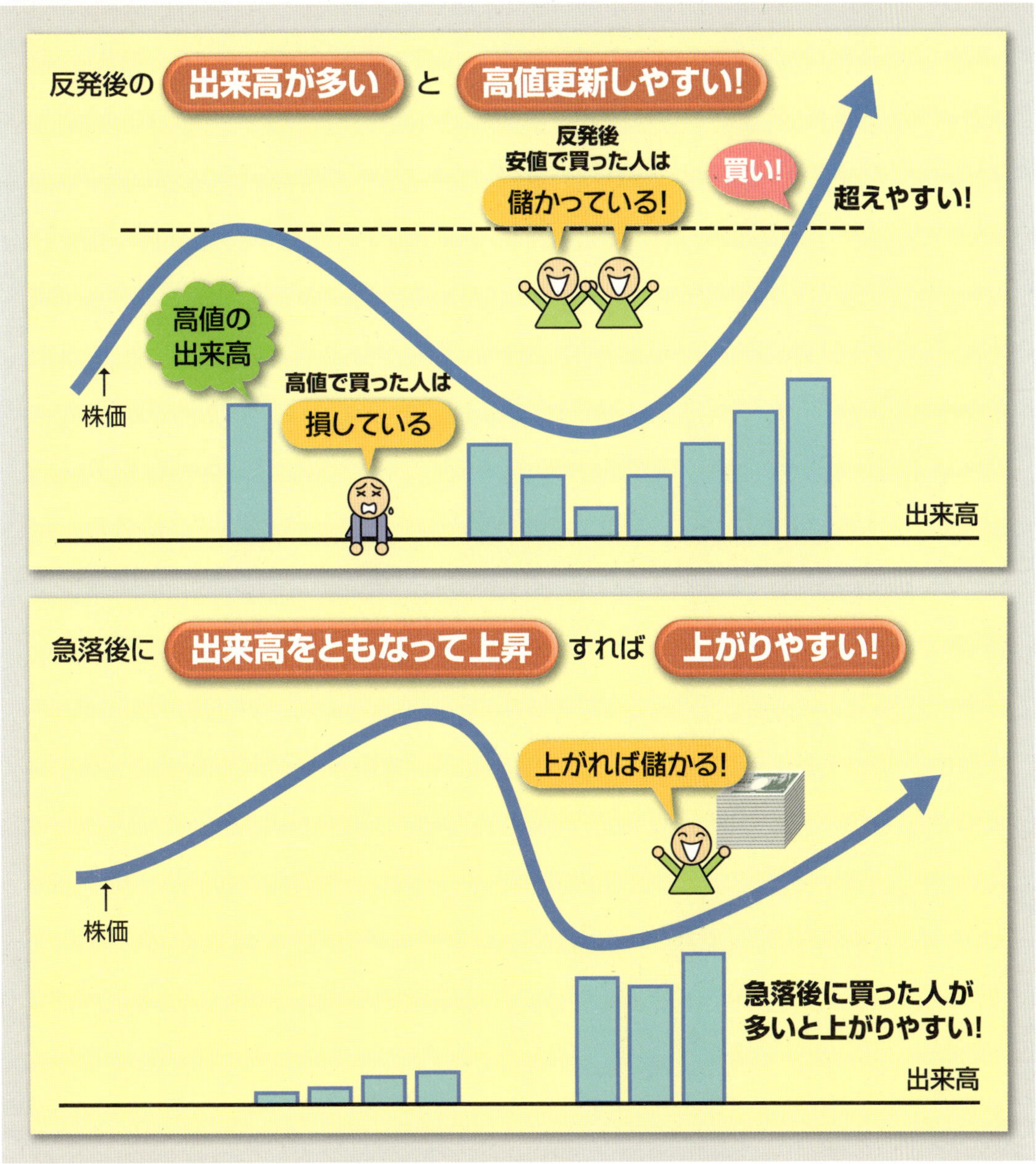
反発後の 出来高が多い と 高値更新しやすい!
反発後 安値で買った人は
儲かっている!
買い!
超えやすい!
高値の出来高
高値で買った人は
損している
株価
出来高
急落後に 出来高をともなって上昇 すれば 上がりやすい!
上がれば儲かる!
株価
急落後に買った人が多いと上がりやすい!
出来高

用語解説 KEY WORD

出来高
できだか

取引が成立した株数。株価チャートの下に棒グラフで描かれる。出来高が増えるのはその銘柄に注目が集まっているためと判断できるが、株価と出来高のピークは同じになっていることが多く、普段と比べて急激に増えすぎた場合は「高値掴み」を警戒したほうがよい。

出来高ランキング
できだからんきんぐ

証券会社のホームページや「Yahoo!ファイナンス」などの投資情報サイトなどで確認できる。出来高が多い＝取引が活況と判断できなくもないが、単なる株数の順位である点に注意。低位株・ボロ株が上位に来ていることも多い。「売買代金ランキング」も併せて判断したい。

大商い・薄商い
おおあきない・うすあきない

「出来高が多い／少ない」のツウっぽい言い方。株価の上昇局面で出来高も増えているのは「商いを伴った上げ」で、本格的な上げ相場を感じさせる。逆に「出来高を伴わない上げ」は、とりあえず上昇はしているが楽観できないニュアンス。

当たる当たらないより、明確な基準を持つことが大事なのだ!

売買に「根拠」を持つことで迷わない売買ができる!

「損切り」できないのは売買に根拠がないから

ここまでチャートの有用性を説いておきながらこれを言っては元も子もないかもしれませんが、テクニカル投資において、チャートのセオリーが当たるかどうかは二の次だと思っています。一番大切なのは「株価がチャートのこのラインを超えたから買う」とか「このラインを割り込んだから売る」など、**売買に客観的な〝根拠〟を持つこと**です。

例えば「自分が応援したい企業の株を買う」という基準で買ってしまうと、株価が下がるほど応援しなきゃいけないわけで、どんどん損が膨らみます。「大損させられて嫌いになった」では、好きだったのは企業の株価だったということになります。

「株価が割安だから」という基準も、いまひとつ説得力に欠けます。何に比べて割安なのか、明確でない場合が多いからです。「PBR1倍割れ」というのはひとつの答えですが、何年もそのままの状態が続いたり、1倍割れからさらに半額になっている銘柄もたくさんあります。

買った時の根拠がユルいほど、失敗した時に、それを認めない逃げ道ができます。失敗を認めない限りは、損切りはできません。損切りをしないと、損はズルズルと拡大します。そうして、最後は株価を見ることもしなくなり「長期投資」や「企業の応援」を言い訳にするのです。

含み損になって後悔したり、不安な気持ちになるくらいなら、最初からそんな大雑把な買い方をすべきではないのです。

チャートの売買ならやるべきことは明白

その点、チャートに基づいた売買は、判断の根拠がカタチになって現れます。あらかじめ「このラインを超えたら買う」「このラインを割ったら売る」と決めてあるので、何をやるべきかはチャートを見れば明白です。

あとは、**自分で決めたルール通りに実行するだけです**。自分で決めたルールすら守れない人は、優柔不断すぎるので、株はやらないほうがいいかと…。

もちろん、株価はいつもセオリーどおりに動くわけではないので、失敗もあります。でも、**ルールがあるので失敗した場合のリスクは、限定的です**。そして、投資家は想定できている失敗については、割と冷静に対処できるものです。

根拠がしっかりしていないと大変!
根拠
自分が応援したい!
下落すると…
さらに応援しないといけない 損も拡大!
根拠
チャート上でトレンド転換
下落すると…
トレンド転換してなかった!
明快!
損切り

応援だけでは株価は上がらないから根拠を持とう！

(株)○○
よーし応援するぞ
(株)○○
傾いてるぞ がんばれー
ヨロ
ヨロ
(株)○○
たのむ〜〜
ぬはー

チャートで売買の根拠を決めておくと…

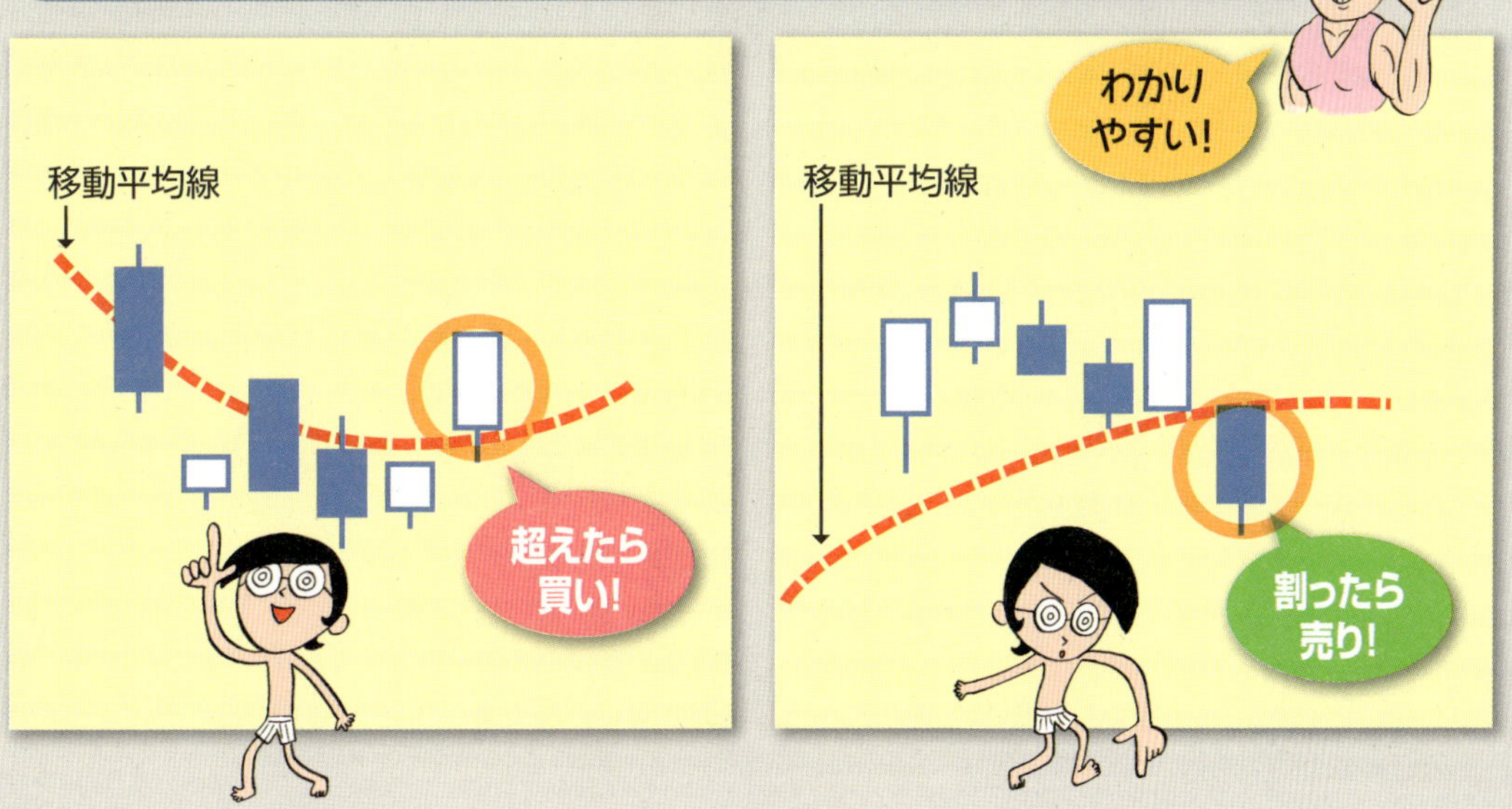
移動平均線
超えたら買い！
移動平均線
割ったら売り！
わかりやすい！

用語解説 KEYWORD

売買の根拠《ばいばいのこんきょ》

「どうしてその株を買うのか」という理由が明確でないと、前向きな損切りはできない。投資家は精神的に弱いので、順調に上昇する株価を見て「この調子で上げ続けそう」と思って買ったのに、いざ含み損になると「下がったから割安だ」など、都合のいい理由をいくらでも捏造する。

割安《わりやす》

株を買う根拠として便利に使われる言葉。「何に対して割安なのか」が明確でないと意味がない。「割安」と判断して買った場合、株価が下がり続ければ「さらに割安」になるわけで、前提条件が変わらない限り損切りはできない。

PBR《ぴーびーあーる》

株価純資産倍率。企業の持つ「資産」をベースに、株価の割安度を見る指標。「PBR＝株価÷1株当たり純資産」の計算式で算出する。PBR1倍は、企業の解散価値と同等。つまりPBR1倍割れは理論上、即刻解散して資産を株主で分けたほうが利益になるということを意味する。

相場全体の雰囲気を見よう！
全体が大事だ

日本株だけでなく、NY市場の値動きも見よう！

相場全体から投資の気分を見極めよう！

チャートにはセオリーがありますが、実際の株価は必ずしもそのとおりには動きません。ブレやズレは、たびたび生じます。その要因となる最たるものが、**相場全体の動き（地合い）**です。

大半の投資家は複数の銘柄を運用しているので、ある銘柄がチャート的にチャンスでも、ほかの銘柄で損失が膨らんでいては投資意欲が湧きません。また、含み損を整理する時には、含み益の銘柄も売って、ダメージを軽減しようとするものです。

投資資金が大きい機関投資家は、日経平均やＴＯＰＩＸなどの指数を、まとめて売買しています。ですから、売られる時には全部一緒。一銘柄だけ良くても全体の大きな流れには、なかなか逆らえないのです。

特に、東証の売買代金の約半分を占める**外国人投資家のモチベーションは、相場に大きな影響を及ぼします**。ニューヨーク証券取引所のダウ平均株価や、ナスダック指数がどういう動きをしているかは、日本株の地合いにも密接に関係しています。

株式投資をしている人なら、日経平均やＴＯＰＩＸは毎日欠かさず見ていると思いますが、それだけでは不十分です。最低でも、**ダウ平均とナスダック指数、為替**（ドルとユーロ）**については、いつでも「今いくら」と言えるようにしましょう**。

自信がない時は投資金額を絞る

相場全体がダラダラと下がり、出来高も細っている時は、**無理に買う必要はありません**。それでも、完全には気を抜けません。状況はいつ好転するかわかりませんから、チャートは毎日チェックします。**常に準備していないと、急には動けないものだから**です。

チャートで「買い」のサインが出れば動いてもいいですが、地合いが悪ければ、慎重を期します。サインをしっかり見極めるために数日待つとか、株数を少なめにするのです。

逆に、全体がイケイケで上げている時には、相場の後押しを期待して、フライング気味に買うこともあります。ただし、これは人間の判断に拠らないことが身上のテクニカル投資に、自分の判断を混ぜることになります。調子に乗ってやりすぎると、投資スタンスそのものが崩壊しかねないので気をつけましょう。

日本株の動きを知るには米国株や為替も知ろう！

NYダウ

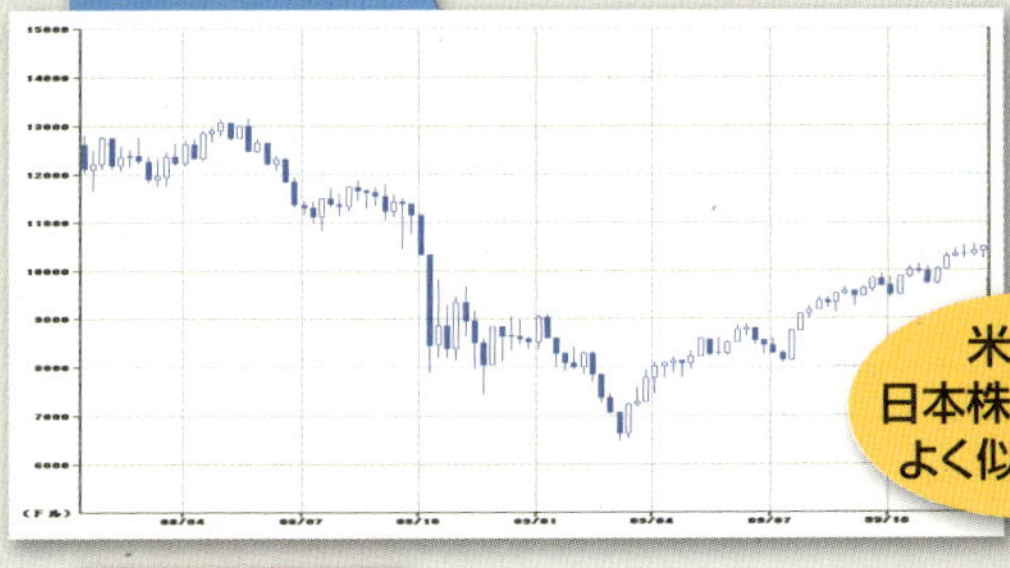

日経平均

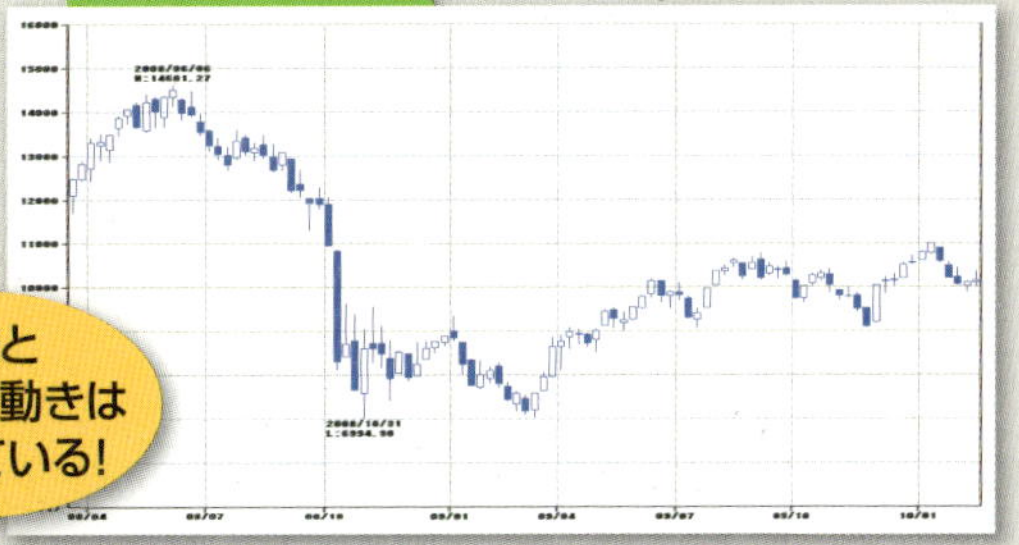

米株と日本株の動きはよく似ている！

米ドル/円

ユーロ/円

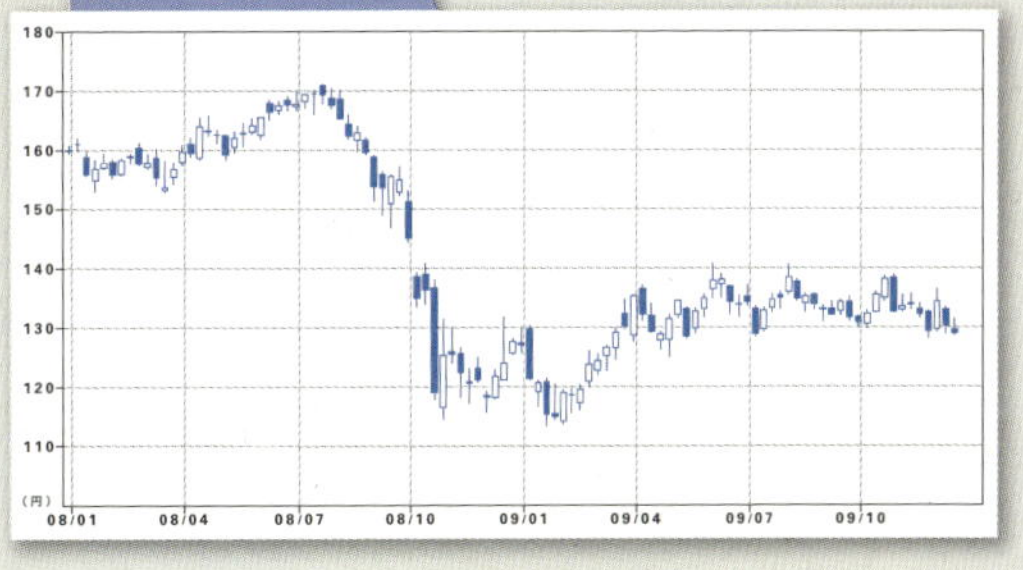

ここを見れば分かる！

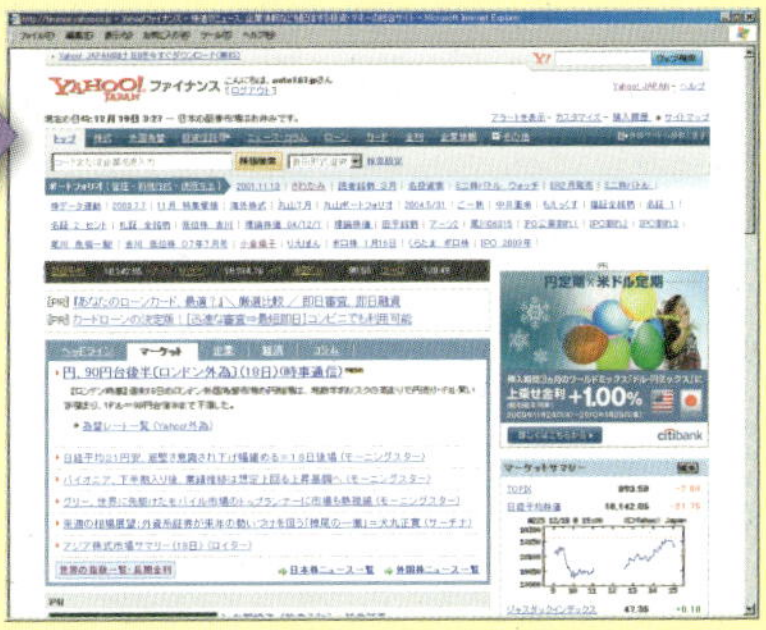

Yahoo! ファイナンス
http://finance.yahoo.co.jp/

日経平均、NYダウ、米国ドル、ユーロの価格情報はすぐに目に入るはず。さらに「世界の指数」コーナーでは、世界26カ国、32の株価指数がチェックできる。

問題です。今、いくら？

NYダウ	日経平均	米ドル/円	ユーロ/円
ドル	円	1ドル=　　円	1ユーロ=　　円

用語解説 KEYWORD

だまし《だまし》
値動きがチャートのセオリー通りにならないこと。セオリーに従って売買する投資家が多い中、それを打ち破るほどの「より強い動き」と認識される。もちろん、チャート自体が投資家を嵌めようとして、動くわけではないので念のため。

日経平均《にっけいへいきん》
日本を代表する225銘柄で構成される株価指数。何が日本を代表するかは日本経済新聞社が決定し、毎年数銘柄が入れ替えられる。対象銘柄の株価の合計を除数で割る「単純平均方式」をベースにしているため、値がさ株の値上がり／値下がりが指数に影響する度合いが大きい。

値がさ株《ねがさかぶ》
株価が高い銘柄のこと。日経平均への寄与度（その銘柄の上下が指数に影響する度合い）が高いのは、①ファーストリテイリング（9983）、②ソフトバンク（9984）、③オリンパス（7733）、④日立建機（6305）、⑤ホンダ（7267）など。
※09年11月現在

トレンドは「上昇」「横ばい」「下降」の3つしかない！

トレンドを見よう！ 右肩上がりか、底練りか？

基本は順張り！トレンドに乗ろう

損するリスクを避けるには「トレンド」に乗ることが大切です。トレンドとは、値動きのざっくりとした方向性のことです。上昇トレンドに乗って買うことを**「順張り」**、下降時に反発を狙って買うことを**「逆張り」**といいます。トレンドには**「上昇」「横ばい」「下降」**の3種類があります。

安心して株を買えるのは、上昇トレンドの時です。下降トレンドの時には、見ているだけにします（信用取引口座があれば、空売りができます）。横ばいトレンドは、一定の値幅で株価が上下していれば（ボックス相場）、買いと売りで利益が出せます。

現在をどのトレンドと判断するかは、**表示するチャートの期間によって違ってきます**。「週足では下げトレンドなのに、日足では上げトレンド」ということもあります。自分の場合、**週足をざっと見て現在の株価の位置を頭に入れ、判断は日足で決めます**（デイトレの場合は、週足をざっと見て、日足で手を出すかを決め、分足でタイミングを見ます）。

よく「長期投資は月足、中期投資は週足、短期投資は日足を見る」という解説を見ます。しかし、株を買う前から投資期間を決めてしまうのは、損切りを遅らせることにもなり、危険が大きいと思います。失敗するリスクを極力避けようと思ったら、長期投資も短期投資も買うタイミングは同じです。

移動平均線はトレンドライン

トレンドを詳しく見るのに「トレンドライン」を引くことがあります。株価の値動きが作るチャートのギザギザの、上値／下値をそれぞれ線で結びます。上値同士を結んだ線を「上値抵抗線」、下値同士を結んだ線を「下値支持線」といいます。

上昇トレンドに乗る**順張りでは、下値支持線で跳ね返ったところを買うのが、マイルドなやり方です**。相場全体の調子がいい時には、上値抵抗線を突破した勢いに乗るやり方もありますが、少しリスクがあります。

トレンドラインの引き方に、明確な決まりはありません。自分の場合は、移動平均線やボリンジャーバンドをトレンドラインとして使っています。具体的には**75日線や25日線を方向性を見るトレンドライン、5日線をタイミングを見るトレンドライン**としています。

ワタナベ流 儲かる順張り投資

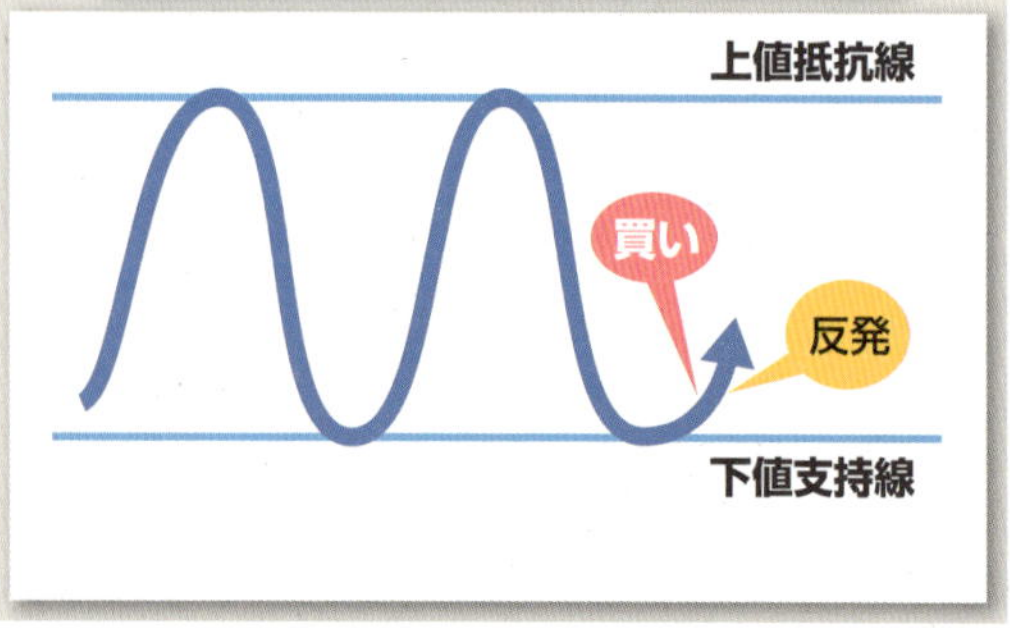

チャートは「上昇」「横ばい」「下降」の3つしかない！

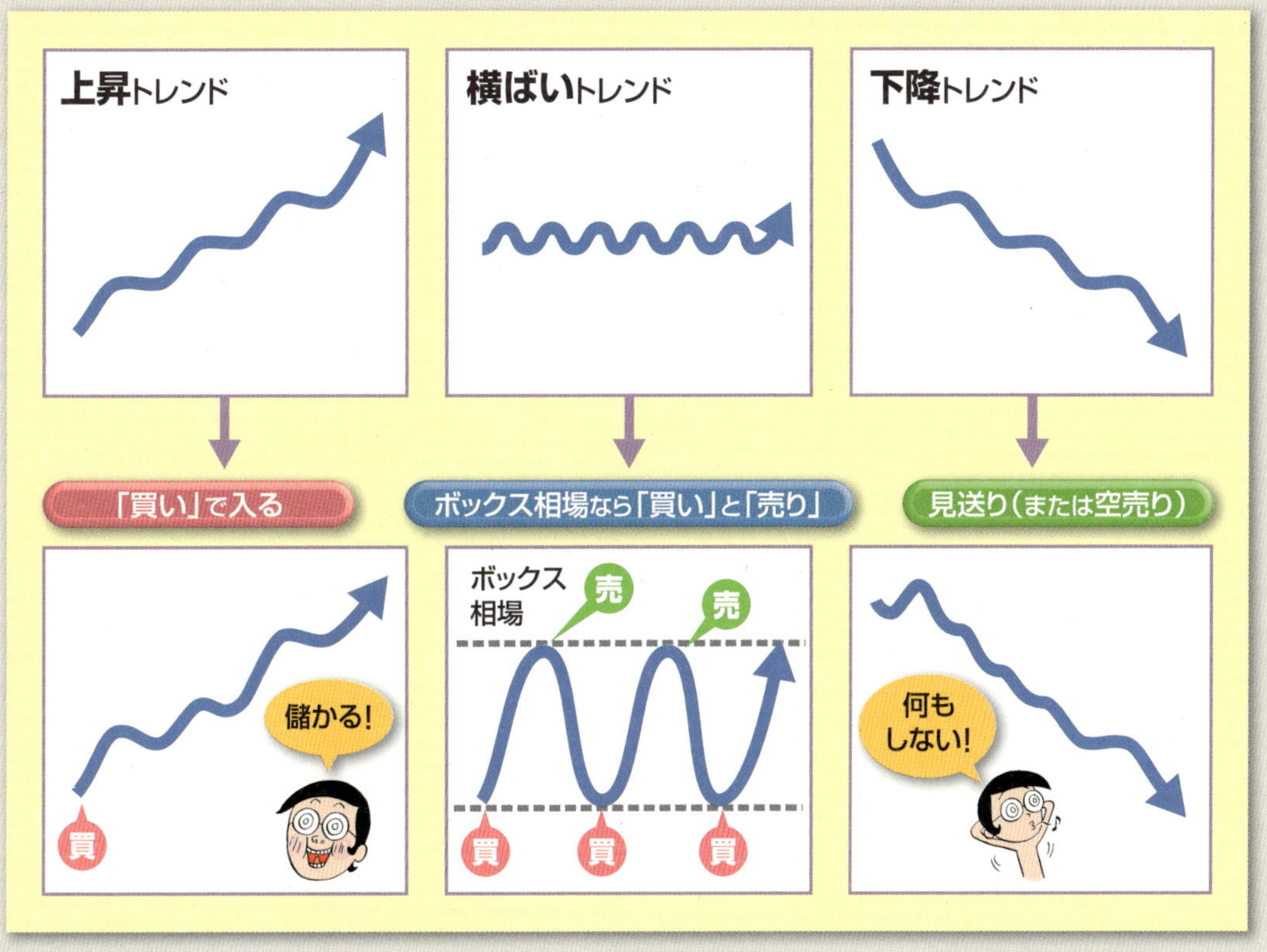
上昇トレンド
横ばいトレンド
下降トレンド
「買い」で入る
ボックス相場なら「買い」と「売り」
見送り（または空売り）
儲かる！
買
ボックス相場
売
売
買
買
買
何もしない！

ワタナベくんは
週足をざっと見て
日足で決める！
デイトレなら分足も！
移動平均線
高値
高値圏ではない
横ばい
上昇トレンド「買い」
移動平均線
移動平均線が上向き
上昇トレンドなら「買い」
下落なら「売り」
売
買
買

用語解説 KEYWORD

日足、週足、月足《ひあし、しゅうあし、つきあし》

チャートを表示する時に、日足とか週足などと選ぶ必要があります。日足とは、1日の値動きがひとつのローソク足になっているチャートで、週足は月曜日～金曜日までの1週間の値動きが1つのローソク足になっているチャートです。その他に月足や1日の中の値動きをチャートにした日中足などもある。

ローソク足《ろーそくあし》

日本のチャートは、ローソク足と呼ばれる黒と白の棒のようなものがよく使われます。これは、始値（はじめね）、高値、安値、終値がすべて描かれている合理的なもので、ローソク足を見れば値動きがよく分かります。なぜか海外ではあまり使われないのですが、ボリンジャーバンドの生みの親、ジョン・ボリンジャーさんは「とっても合理的なチャートなので、自分も愛用している」と言っていました（P58参照）。

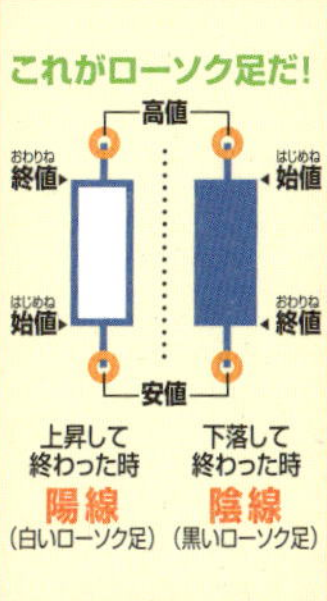
これがローソク足だ！
高値
終値《おわりね》
始値《はじめね》
始値《はじめね》
終値《おわりね》
安値
上昇して終わった時
陽線
（白いローソク足）
下落して終わった時
陰線
（黒いローソク足）

キソが一番大事！　必ず覚えよう！

基本中の基本！ゴールデンクロスを狙え！

上昇トレンドの出来たてをいただく

株は、より安く買い、より高く売ることで大きな利益が取れます。しかし、安全性を重視するなら、上昇トレンドができてからでないと、買えません。ということは、安全性を重視しつつ大きな利益を狙おうと思ったら**「上昇トレンドが誕生した瞬間に買うのがベスト」**ということになります。

そこで、上昇トレンドにあるチャートを見ると、株価と移動平均線の位置関係は、上から**「株価→5日線→25日線」**の順番になっています。逆に下げトレンドにあるチャートは**「25日線→5日線→株価」**の順番になっています。ということは、上昇トレンドが誕生する際には、この順番が「25日線→5日線→株価」から「25日線→株価→5日線」に変わり、さらに「株価→5日線→25日線」となる過程を経ることになります。この〝5日線が25日線を上抜く〟最後の瞬間こそが「ゴールデンクロス」なのです。

ゴールデンクロスでの買いは、テクニカル投資における基本中の基本ですが、そこに至る過程にも注目したいポイントがあります。例えば、25日線と5日線の開き具合です。

株価が大きく下げてから底打ち→反転して5日線を上抜くと、ほどなく5日線も上向きになります。そして株価が25日線を突破、遅れて5日線が25日線に達するわけですが、最初の株価下落が大きいほど、5日線と25日線の間隔は乖離しています。

ゴールデンクロスに至る途中にもチャンスがある

そうすると、ゴールデンクロスが完成するまでに、かなりの買いエネルギーが消費されてしまいます。こういう場合、**5日線が上向いてから株価が25日線に達するまでが、1回目の買いチャンス**です。そして株価が25日線に達したところで**上抜けるかどうかを見極め**（上抜けなければ利益確定）、含み益を持って**「ゴールデンクロスを待つ」**のです。

純粋にゴールデンクロス後の上昇だけを狙うなら、**横ばいトレンドを経たほうが、息の長い相場になります**。もみ合いが続いた株ほど、買いエネルギーを蓄えています。ですので「明日、寄り付きが高く始まればゴールデンクロスになりそうだ」という場合、状況を見ながら、前日にフライングして買うこともあります。

5日線超えで買ってゴールデンクロスを待つ！

上昇トレンドで買うためにはゴールデンクロスを狙え！

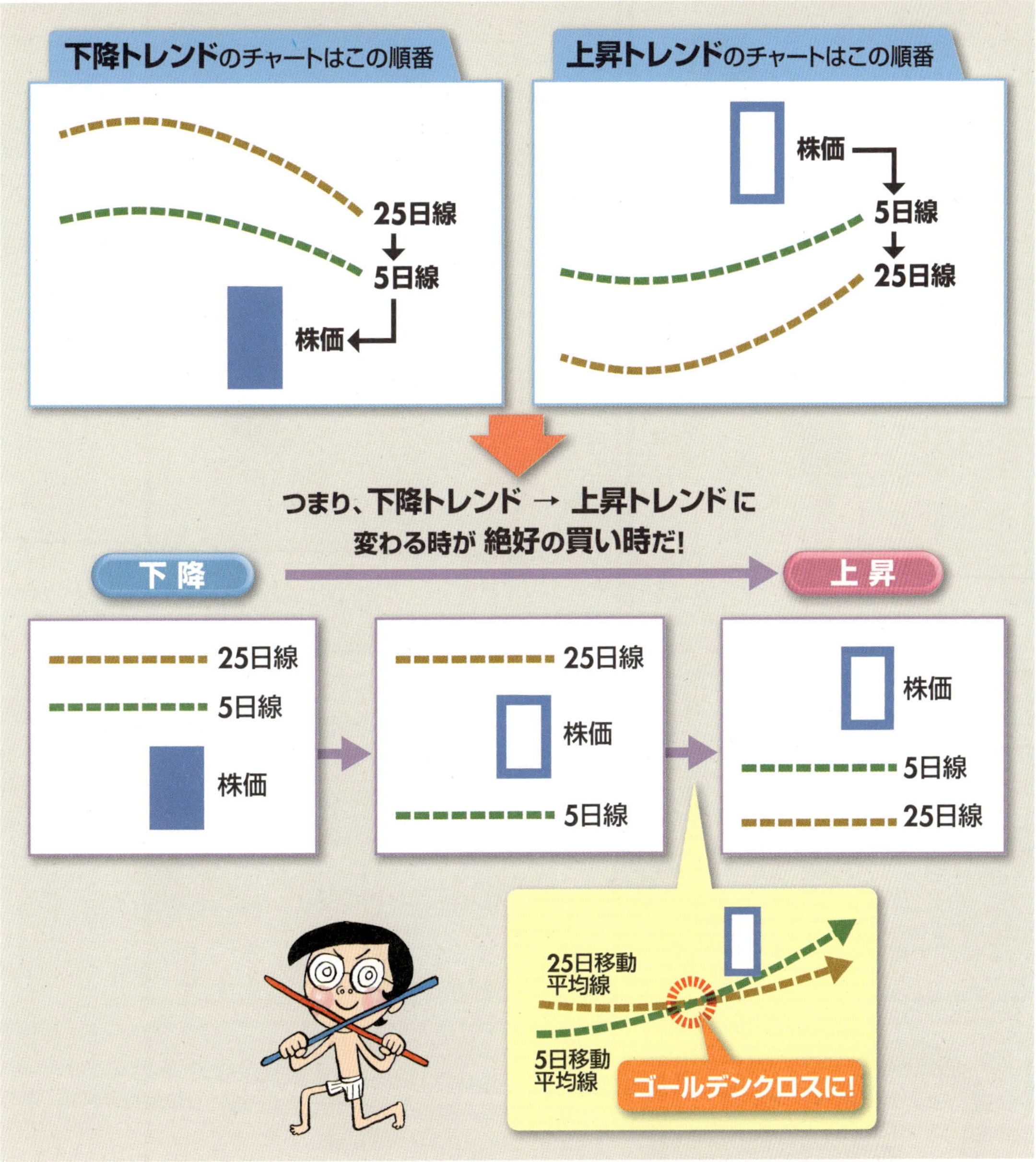
下降トレンドのチャートはこの順番
25日線
5日線
株価
上昇トレンドのチャートはこの順番
株価
5日線
25日線
つまり、下降トレンド → 上昇トレンドに
変わる時が 絶好の買い時だ!
下 降
上 昇
25日線
5日線
株価
25日線
株価
5日線
株価
5日線
25日線
25日移動平均線
5日移動平均線
ゴールデンクロスに!

用語解説 KEYWORD

移動平均線《いどうへいきんせん》

過去一定期間の株価の終値の平均値をグラフ化したもの。例えば「5日移動平均線」の場合、当日を含めて5日分さかのぼった終値の平均値を算出し、毎日のそれを結んだ線。移動平均線は日々の株価の上下をならしながら動くので、期間が長いほど動きは緩やかになる。

ゴールデンクロス《ごーるでんくろす》

短期移動平均線が長期移動平均線を、下から上に突き抜ける形になること。長期と短期を何日の移動平均線とするかは、使う人次第。日数を長くするほどブレは少なくなるが、ゴールデンクロス出現のタイミングは遅くなる。ちなみに筆者は、5日線と25日線を使っている。

デッドクロス《でっどくろす》

短期移動平均線が長期移動平均線を、上から下に突き抜ける形になること。〝死の十字架〟の名前が示す通り、デッドクロスの出現をもって「下降トレンドが始まった」と判断する投資家が多いことから、強力な売りサインとされている。

マネーコーナー
フェア
ベストセラー
バリュー投資
ZAi
あ、安っぽい小銭入れが落ちましたよ
ブツブツ
ぽろ
キミも株やってるんですか？
どうも
ボクの名前は大富豪よろしくね
Tea
というワケでこの2年間で10億円になったんだキミは？
ボ、ボクは1000万円貯金ができたよ
えー!!…この大相場で1000万円しか儲けてないの!?
株なんて目一杯買って持ちっぱなしの方が儲かるのに…
ウォーレンバフェットはデイトレなんてしないだろ？
キミが毎日必死になって数千円、数万円のサヤ抜きをしている間に……
儲かった
イェーイ
うう
この世のおわり

大富豪くんとの出会いと友情

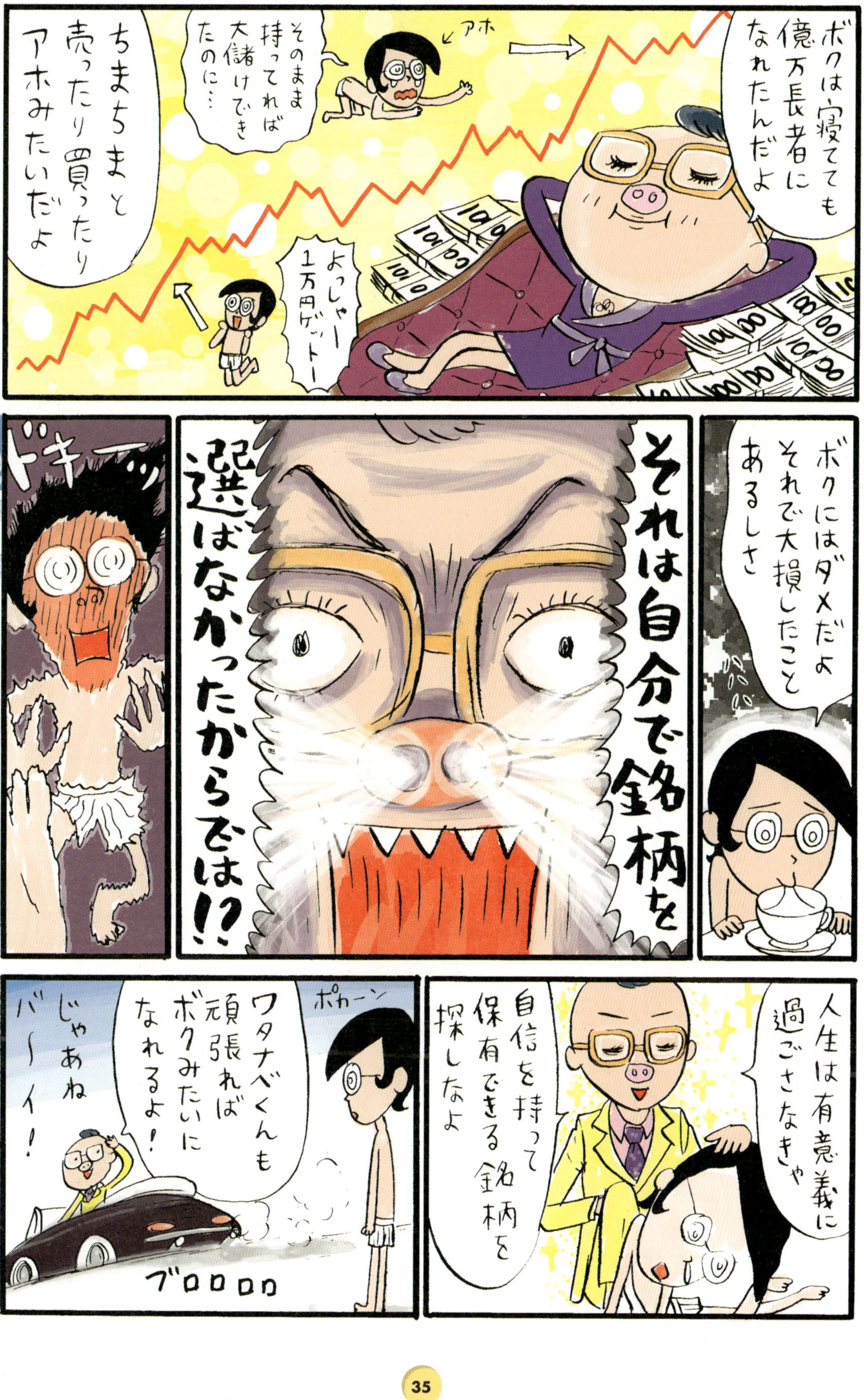

ボクは寝てても億万長者になれたんだよ
アホ
そのまま持ってれば大儲けできたのに…
よっしゃー1万円ゲットー
ちまちまと売ったり買ったりアホみたいだよ
ボクにはダメだよ それで大損したこともあるしさ
それは自分で銘柄を選ばなかったからでは!?
ドキーッ
人生は有意義に過ごさなきゃ
自信を持って保有できる銘柄を探しなよ
ポカーン
ワタナベくんも頑張ればボクみたいになれるよ!
じゃあね バーイ!
ブロロロロロ

確かにそうだよなあ
またァ！変態よ
奥さん見ちゃダメよ
ブツブツ
お惣菜GET
週プロLOST
週プロ
麦茶GET
ぐびびび
生活費は捻出できるようになったけど
今日気づいた…
この生活には
ないんだ…
未来が!!
このままではいずれ…
4:00 就寝
1:00 トレードの準備
9:00 トレード
12 3 6 9
ワタナベくんの1日
気絶
ゼーハー ゼーハー
いらっしゃいませー
17:00 バイト
12:30 トレード
消耗
死んでしまう…
抜け出さなきゃ…
睡眠不足
閉塞感
将来
老後
便秘
家賃
バイト
貯金
虚弱体質
損切り

毎日毎日売ったり買ったりアホみたいだよ
ワタナベくんも頑張ればボクみたいになれるよ
ブロロロ
よ、よし…今日は売らないで持ち越ししてみよう！
ごくり
ゴーマンHD1万株買いだ
カチ
ドキドキ
よっしゃ
キュン
あがれーあがれー
カクン
そろそろ利確を
ピタ
いや待て！
ガマンするんだ
コキッ
コチ
も、持ち越したぞ！

あ、あとはこうしてゴーマンHDが値上がりするのを待つだけ…ゆ、有意義な人生だ
夕方のニュースです
ライブドア本社に強制捜査が入りました
大変なことになったぞ…
大富豪くんに聞いてみよう
ピポパ
ボクもゴーマンは持ってるけど成長性に問題はないしー
市場の混乱で下げるなら逆にチャンス!ボクは明日、信用全力で買いに行くよ!!
ウ、ウンでしょ…
ゴーマンだって新興だ 大富豪くんは強気だって言うけど、明日寄りでいくら含み損になるんだろう… 損した分バイトで取り戻すには何百時間働かなきゃいけないんだ あー持ち越しなんて
全然眠れない→

大丈夫だよ ワタナベくん 信じて持ち 続けるんだ
待ってくれ 大富豪くん どうしたら いいのか 教えてくれ
どうし たら…
だから信じて
信じて
持ち続けなさい!
くる
ギャ〜〜〜
ガバ
ゼイ ゼイ
ゆ 夢か… 怖かった

チュン
チュン
うえ〜ん やっぱり大暴落だ…
保有《ホールド》か損切りか…
問答無用で切れよ!! そんなもん
ここはむしろチャンスだ!! 持ち続けろ
無責任な コイツの時給900円だぞ
信じろ 金持ちになりたいんだろ
信じるって オマエ社長の友だちか!?
パーーン
プシュ
ぐびぐびぐび

全部切るー～
あひゃひゃひゃひゃ
カタ
カタ
バターン
数日後…
20
19
18
17
げげええ
あの日、損切りしてなかったら完全に死んでたじゃん
生き残れたのは良かったけど怖くて二度と株なんて買えないかも…
大富豪くんはどうしただろう？
ピポパポ
この電話はお客様の都合により通話できません
大富豪くん
ボクがんばるよ！
そして絶対に相場で勝ち残ってみせる!!

COLUMN

ボクのツラい日々を
お伝えします！①

全銘柄のチャートを毎日チェックした日々

テクニカル投資は、たくさんのチャートを見て、経験を積むほど上達します。セオリーを知るのは第一歩ですが、ズレやブレが生じることもあります。自分の場合は、ある訓練によって、そうした兆候を察知し、慎重を期したり、大胆に勝負したりできるようになりました。

その訓練とは、チャート三千本ノック!! 全銘柄の日足チャートを毎日欠かさず見続けるという伝説の猛特訓です。マウスを操作する手首は腱鞘炎になり、モニターを凝視する目からは血の汗が…。というのは嘘で、実際にはマウスのホイールをクルクル回すとチャートが次々示される便利なソフトがあり、それでパラパラと見ていただけです。

当時は毎日デイトレをやっており、この作業で「これは!?」と思える銘柄を書き出し、出来高や信用倍率などを精査した上で「これは明日上がりそうだ」という銘柄を絞り込んでいました。そして、翌日は実際にトレードをやり、取引時間終了後に検証する——というのを、かれこれ5年間も続けたのです。

最初は準備だけで4時間以上かかった作業も、慣れると2時間でできるようになりました。新興市場が崩壊した06年以降は、東証1部を中心に銘柄を1000銘柄程度に絞ったので、ますます効率が上がりました。

予想→本番→検証で相場勘が磨かれる!

野球選手は「千本ノック」を受けると、最後にはバットがボールに当たるより先に打球の方向がわかり、体が反応するようになるそうです。

「チャート三千本ノック」も同じで、いつ頃からか「これは明日上がる!」「これはブレるから見送りだ」などが、瞬時にわかるようになりました。

簡単に言えば「勘が磨かれた」わけですが、これは決してヤマ勘ではないでしょう。「予想→本番→検証」を繰り返すことで、様々な状況を総合的に判断できる〝情報処理能力〟が身に付いたのだと思います。

実際、こうした感覚を身に付けるのに5年は必要ないですし(数カ月でOK)、銘柄数も主要300銘柄をマークすれば十分でしょう。ですが、短期間に集中してチャート力を鍛える経験は必要です。長い投資人生の宝になると思います!

うぎぉー!!
いきなり巨大な
売り板がぁ

CHAPTER 2

くびれがチャンス！ボリンジャーバンドで売買する

チャートにも色んな種類があるけれど
ワタナベくんのイチオシは、ボリンジャーバンド!!
日々の株価が上げたり下げたりするのに合わせて
広がったり縮まったりする不思議なチャートだ。
理想はバンドの幅がキュッと絞れているカタチ。
株価上昇のエネルギーを溜め込んだ
“くびれ” がセクシーなチャートを探そう！

ローソクに変な線が絡み付いている!

これがボリンジャーバンドだ! 線が5本もある、不思議なチャート

通常の移動平均線より線が多くあるので根拠にしやすい!

【ローソク足+移動平均線】
通常のチャートはこんな感じ
【ローソク足+ボリンジャーバンド】
線が5本ある!
(円)
(一株/口)
09/08
09/09
09/10
09/11
09/12

統計の計算に基づく株価の確率分布

チャートの基本を一通り踏まえた上で、見ていただきたいのが「ボリンジャーバンド」です。通常のローソク足に重ねるチャートで、図のように表示されます。

ボリンジャーバンドでは、ローソク足のほかに、5本の線が表示されます。中央の線は「移動平均線」です。日足ですと「25日移動平均線」が使われるのが一般的です。それを挟んでいるのが「+1σ/-1σ」、さらにそれを挟んでいるのが「+2σ/-2σ」です。ちなみに「σ」の記号は「シグマ」と読みます。

σの線は「標準偏差」での、株価の確率分布を示しています。標準偏差は、受験の時に気にした「偏差値」と同じと考えてください。つまり「50」が平均値(25日移動平均線)で、これを離れるほど確率の少ない状況にあることを示します(確率が少ないだけで「あり得ない」ことではない点に注意)。

標準偏差の計算に基づくと、+1σ〜-1σの内側に株価が収まる確率は68・3%、+2σ〜-2σの内側に株価が収まる確率は95・5%です。逆に言うと、**株価が2σの外側にあるのは「4・5%の確率しかない、まれな状態」ということになります**。

移動平均+σラインが売買の根拠に使える

ボリンジャーバンドのいいところは、**売買の根拠にできる線が**

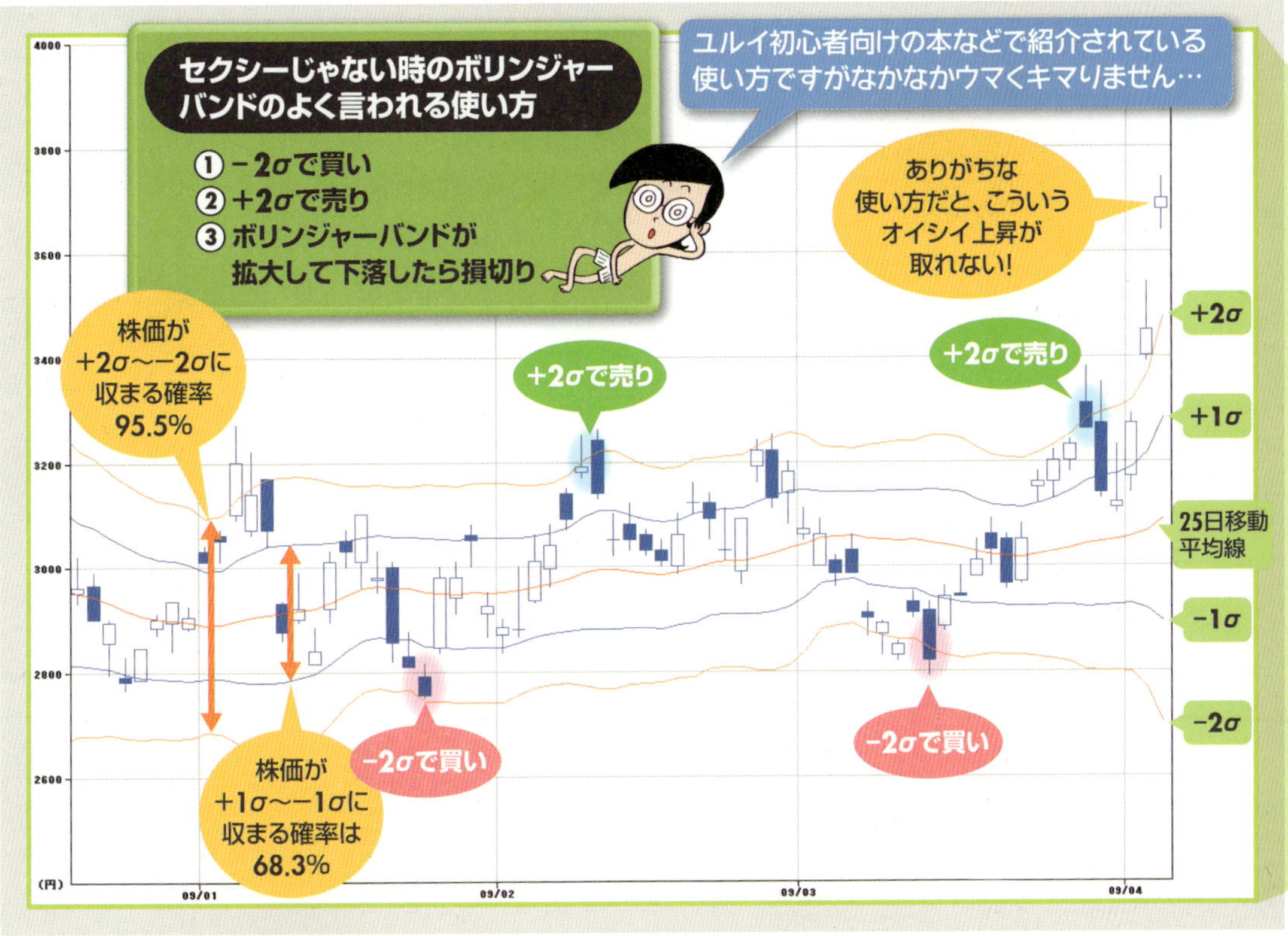
セクシーじゃない時のボリンジャーバンドのよく言われる使い方
① −2σで買い
② +2σで売り
③ ボリンジャーバンドが拡大して下落したら損切り
ユルイ初心者向けの本などで紹介されている使い方ですがなかなかウマくキマりません…
ありがちな使い方だと、こういうオイシイ上昇が取れない！
株価が+2σ〜−2σに収まる確率95.5%
株価が+1σ〜−1σに収まる確率は68.3%
+2σで売り
+2σで売り
−2σで買い
−2σで買い
+2σ
+1σ
25日移動平均線
−1σ
−2σ
4000
3800
3600
3400
3200
3000
2800
2600
(円)
09/01
09/02
09/03
09/04

たくさんあるところです。例えば、ある日株価が窓を開けて（前日の終値よりも次の日の株価が大きく動いた証拠）上昇し、25日移動平均線との乖離が広がった場合を考えてみましょう。移動平均線しか見ていないと、「もう上がりすぎてしまった」と感じられて、なかなか手が出ませんが、ボリンジャーバンドを見ると「+2σまではまだ余地がある」と判断して買うことができます。

初心者向けの本に紹介されているボリンジャーバンドの使い方でありがちなのは、株価が−2σに達したら「売られすぎ」なので買い、+2σに達したら「買われすぎ」なので売る、というものです。間違いではありませんが、これは**ボリンジャーバンドがある程度開いたまま、その中で株価が上下を繰り返しているパターンでのみ有効**です。しかし、この使い方だけしか知らないと、大失敗する可能性があるので注意してください。

ワタナベくんの株のネタ帳

±1σはどこで見られる？ 無料で見るならこのサイト

「Yahoo!ファイナンス」や証券会社のスタンダードなチャートでは、ボリンジャーバンドは「±2σ」しか描かれていないことが多いです。特別なツールを導入せず、フルにボリンジャーバンドが見たければお使いの証券会社のトレードツールか「Kabutan」などの投資情報サイトを見てください。

「Kabutan」のチャートは、±3σ／±2σ／±1σ／MA（25日移動平均線）を同時に表示できる上に、チャート上にポインタを当てるとその時点の価格が表示されますし、「MACD」など本書で紹介した指標もほとんど表示できます。

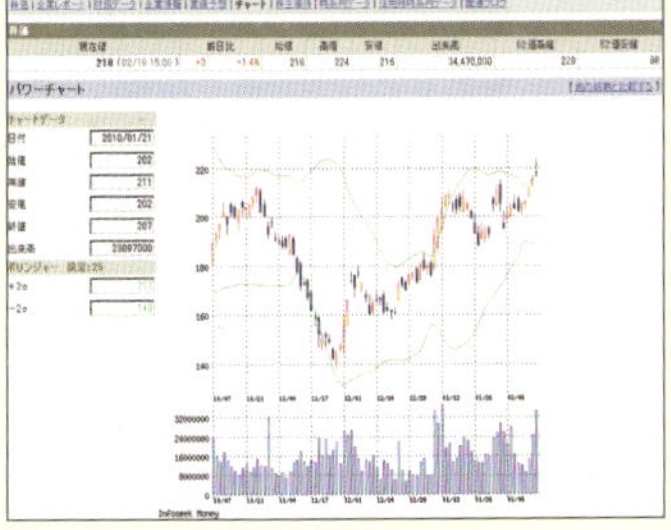
いすゞ自動車
パワーチャート
投資情報サイトのチャート画面

ワタナベ流トレードの奥義がここにある!

必殺技! セクシーボリンジャーの「くびれ」を狙え!

セクシーなチャートがいい!

「くびれ」→「飛び出し」に注目するのがセクシーボリンジャーバンド投資法だ!
飛び出し
くびれ

強い変化が起こり勢いの出た銘柄を買う

株価がボリンジャーバンドの±2σを飛び出すのは「4・5%の確率しかない、まれな状態」ですが、別の見方をすれば「それくらいまれな変化が、その銘柄に起きている」とも言えます。

また、パッと見では飛び出しているように見えても、ローソク足が、わずかでも±2σにかかっていれば、それは「95・5%の確率の範囲内」の出来事です。そう考えると、±2σにタッチしたからと言って、安易に空売りなどはできません。

そこで、僕が最も得意とする投資法をご紹介します。これはボリンジャーバンドで株価に**「まれな(強い)変化が生じている銘柄」**を探し出し、**「その勢いが続く限り乗り続ける」**というものです。その名も**「セクシーボリンジャー投資法」**!!

狙うのは、上昇エネルギーをため込んでいるチャート。拡大していたボリンジャーバンドが収縮し、キュッと絞れた状態から、+2σを飛び出したタイミングです。こういう形になると、その後のボリンジャーバンドは拡大に向かい、それに合わせて株価も上昇が続く場合が多いのです。

ボリンジャーバンドの拡大→縮小→拡大の〝ボン・キュ・ボン〟が、女性のウエストのくびれに似て何ともセクシーであることから「セクシーボリンジャー」と名付けました。

±2σからの飛び出しに注目！

セクシーボリンジャーの「買い」はくびれからの飛び出し！
その後、上昇！
+2σを飛び出したら「買い」
買い

その好材料はまだ織り込まれていない

セクシーボリンジャーの優れた点は**“株価上昇の初動に乗れる”**ことです。2σを飛び出したのが好材料によるものであれば、それは事前に株価に織り込まれていなかった証拠です。単に買い勢力と売り勢力のバランスが崩れただけにせよ、**もみ合いを経て決した流れはしばらく継続します**。

本当は+2σを飛び出した瞬間に買うのがいいのですが、乖離が大きいところで飛び付くのが怖ければ、+2σにタッチするまで待ってもいいでしょう。そこはケース・バイ・ケースでの判断です。

+2σを飛び出したところで買っても、すぐに下がってしまい、ボリンジャーバンドが拡大しそうになければ損切りします。特にくびれ部分が狭いと、反動で−2σを飛び出してしまうかもしれません。早めに損切りすれば、被害は最小限で済みます。

ワタナベくんの株のネタ帳

+3σが見れるサイト Kabutan

あまりお目に掛かる機会がないのですが、本当はボリンジャーバンドには「±3σ」まであります。株価は99・74％、この範囲に収まることになっています。もし、飛び出していたら、確率0・26％の珍事です。なので、どんなに強気でも+3σを大きく飛び出してから買うのは控えましょう。

楽天証券の「マケスピ」なら±3σまで表示してくれます。ほかにも「Kabutan」では無料で見ることができます。チャートをマウスでなぞるとσに該当する価格が幾らを指すのか時系列にわかるなど、ユニークな機能がいろいろ提供されています。

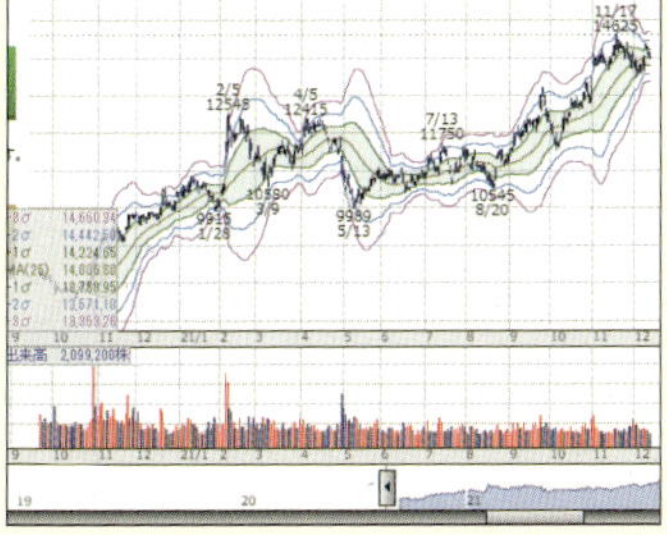
日付 2021/12/10 11:30 始値 14,120 高値 14,150 安値 13,955 終値 14,000

Kabutan（株探） https://kabutan.jp/

まずはチャートのチェックで買い時、売り時をシミュレーション！

ボリンジャーウォークでウホウホ ↓利益確定のタイミング

売買タイミングを見はからって何度も売買しよう！

【IHI(7013)】
+1σ割れで半分を利益確定
25日移動平均線割れで残り半分を利益確定!
信用売りができればここもチャンスです
09/05
09/06
09/07

株を買った直後の損切り額を覚悟する

株式投資は、どこで利益を確定するか、あるいは損切りするかも重要なポイントです。あらかじめ「こうなったら売る」という**〝終わり方の戦略〟**がないと、せっかくの利益を取り逃したり、ズルズルと含み損を拡大することになりかねません。

セクシーボリンジャーの場合、株を買った直後が、一番気を遣います。+2σを上抜けたところで飛び付いたら、**最低でも+2σを完全に割り込むまでは売りません**。買値から+2σまでは、リターンを得るために負わなければいけない**「損失覚悟の価格帯」**だと思ってください。

なぜなら、セクシーな状態から+2σを上抜けした株は、一度は買われすぎを警戒して売られても、+2σにタッチしたところで「確率95・5%のよくある状態」に戻り、再び上昇が始まることが多いからです。

株価が+2σから乖離しすぎてリスクを負い切れないなら、+2σにタッチするまで買うのを我慢します。個人的には、**スタート時のくびれが狭ければ「25日移動平均線」を割り込むまでは、損切りせずに粘ってもいい**と思います。

狙いどおりにボリンジャーバンドが拡大し、株価が+2σに沿って上昇すれば一安心。あとは「どこで利益確定するか」のタイミングだけです。

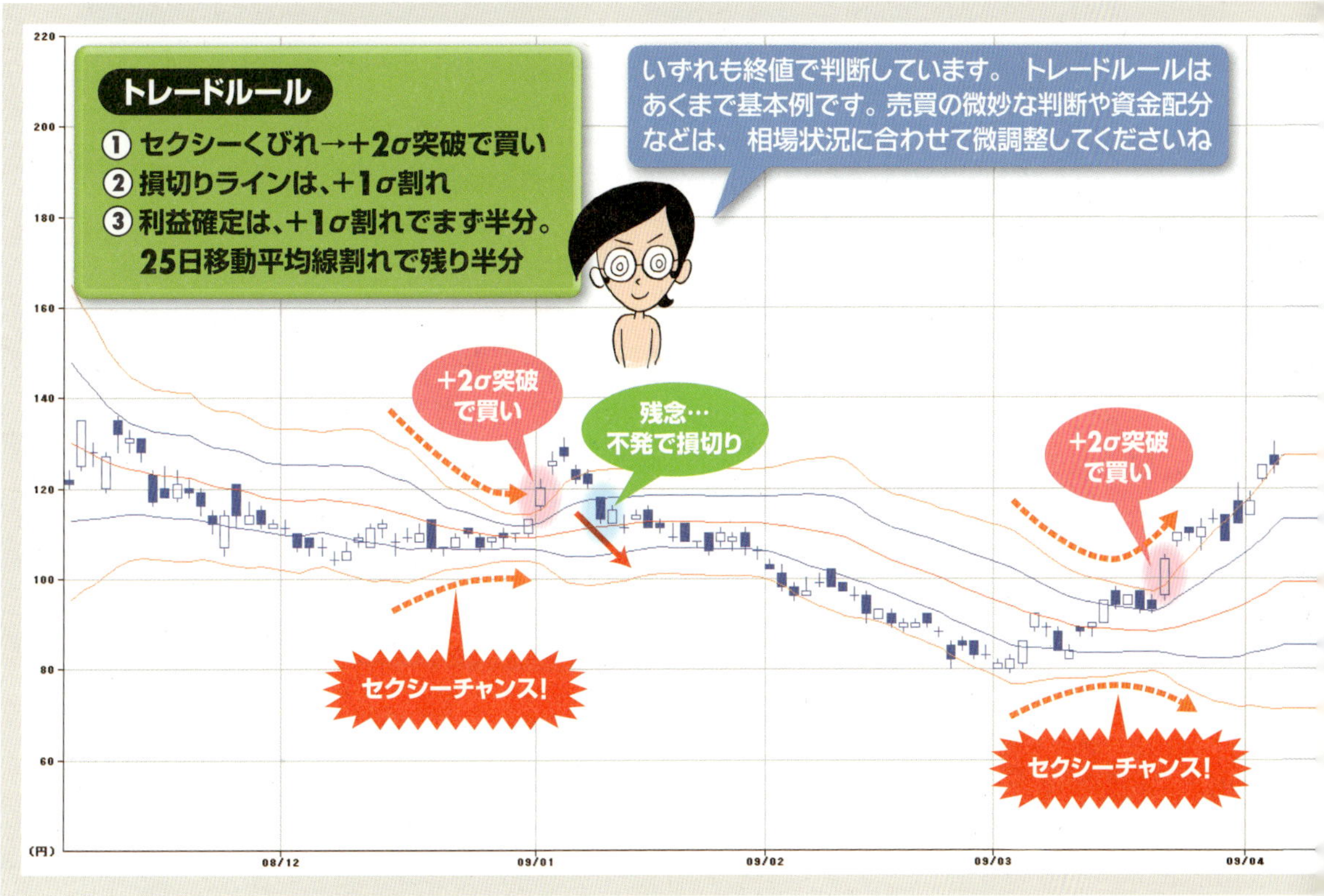
トレードルール
① セクシーくびれ→＋2σ突破で買い
② 損切りラインは、＋1σ割れ
③ 利益確定は、＋1σ割れでまず半分。
25日移動平均線割れで残り半分
いずれも終値で判断しています。 トレードルールはあくまで基本例です。売買の微妙な判断や資金配分などは、 相場状況に合わせて微調整してくださいね
＋2σ突破で買い
残念…不発で損切り
＋2σ突破で買い
セクシーチャンス!
セクシーチャンス!
220
200
180
160
140
120
100
80
60
(円)
08/12
09/01
09/02
09/03
09/04

利益確定は＋1σを完全に割り込んだら

ボリンジャーバンドが拡大したら、しばらくは**「＋1σを完全に割り込んだら」**利益確定とします。トレンドが形成されると、株価が＋2σと＋1σの間を行ったり来たりしながら上がり続けるパターンがよくあるからです。

25日移動平均線も完全に右肩上がりになると、上昇トレンドはさらに確実になります。含み益も膨らんで余裕が出てきたら、2段階の利益確定を考えたいところです。例えば**「＋1σを割り込んだら半分、25日移動平均線を割り込んだらもう半分を利益確定する」**といった具合です。

もちろん、段階的に売るには最初に複数単位で買ってあることが前提になります。ボリンジャーバンドが拡大するほど、25日移動平均線との乖離は大きくなるので、＋1σで売る割合を大きくするなどお好みで調整してください。

用語解説 KEYWORD

三角保ち合い《さんかくもちあい》

通常チャートで見られる、ボリンジャーバンドの収縮に似た現象。上値が切り下がり、下値が切り上がることで値動きの幅が狭まり、上値抵抗線と下値支持線が三角を描くパターン。買いと売り、双方のエネルギーが拮抗している証拠。

保ち合い上放れ《もちあいうわばなれ》

三角保ち合いとなった後、買い勢力と売り勢力のせめぎ合いに決着が付き、株価が上昇するパターン。売りたい人の注文が尽き、あるいは信用売りしていた人が諦めて買い戻すため、上昇に勢いがつきやすい。逆に下離れすると下げが加速する。

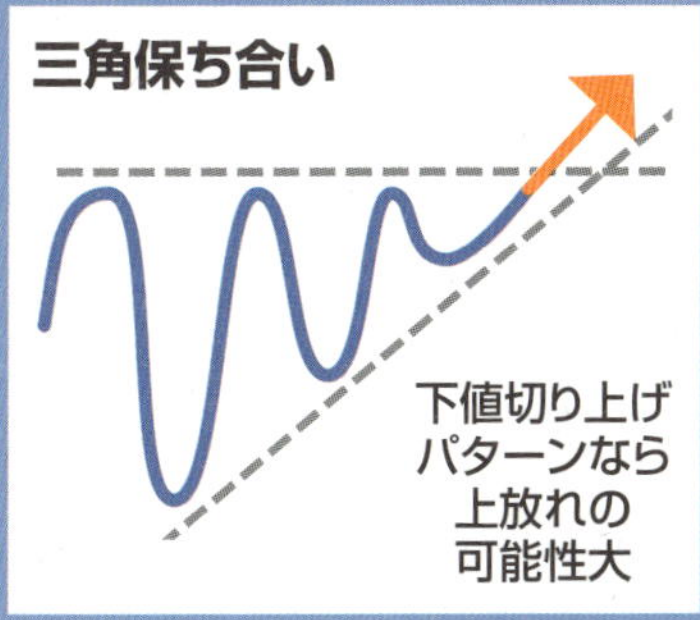
三角保ち合い
下値切り上げパターンなら上放れの可能性大

ボリンジャーバンドで売買する!

株で儲かるのは「買い」だけじゃない!

ボリンジャーバンドは空売りにも使える!

値動きの中で儲ける「株式トレード」をしよう！

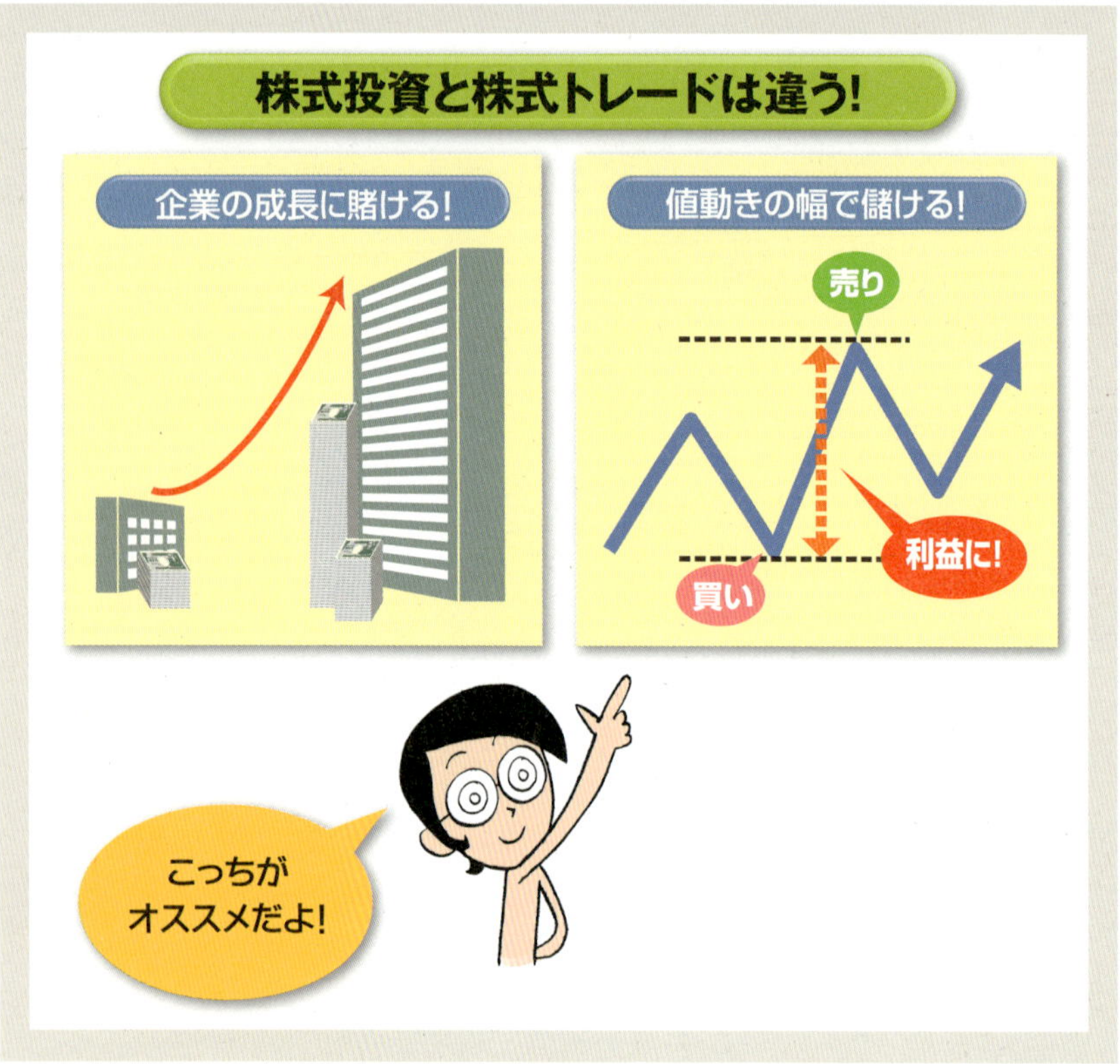
株式投資と株式トレードは違う!
企業の成長に賭ける!
値動きの幅で儲ける!
売り
利益に!
買い
こっちがオススメだよ!

－2σを下抜けたら空売りのチャンス

厳密に定義すると「株式投資」と「株式トレード」は違います。前者は企業の成長により利益を得るのに対し、後者は売買の価格差により利益を得ます。どちらを選ぶかは人それぞれですが、本書には「株式トレード」のことが書いてあります。

売買の価格差で利益を得るには、「買い→売り」の順序にこだわる必要はありません。信用取引口座があれば「空売り→買戻し」でもそれは可能です。株価は上下するもので、下げ局面でも利益が狙えれば、**トレードのチャンスは2倍になります**。

「セクシーボリンジャー投資法」（以下、投資≒トレード）は、「空売り→買戻し」を狙う場合も有効です。ボリンジャーバンドが収縮して、株価がボンッと下抜けたところが空売りのタイミング。利益確定（買い戻し）は、株価が－1σを完全に上回ったところがいいでしょう。

トレードでは、常に目の前の状況に応じて行動することが大切で、思い込みは禁物なのですが、セクシーボリンジャーのように〝値動きの勢いに乗る投資法〟の場合、**「買い」よりも「空売り」の方が、成果が出やすいような気がします**。

その証拠に、チャートを見ると上昇局面では「最初はじわじわ→最後に急騰」なのに、下降局面では「最初に急落→ズルズル下落」

下落時はズルズル下がるので儲けも大きい！

トレードルール（空売り）
① セクシー　−2σ突破で売り
② 損切りラインは−1σ超え
③ 利益確定は−1σ超えでまず半分
25日移動平均線超えで残り半分
※いずれも終値で判断しています
空売り開始!
−1σ超えで半分利益確定
25日移動平均線超えで残り半分を利益確定!
利益に!
①
②
③
2200
2100
2000
1900
1800
1700
1600
1500
1400
1300
1200
(円)
09/09
09/10
09/11
09/12
10/01
10/02

となっているパターンが多いです。また、出来高は高値付近で大きく増えるのに、下落局面では低迷する場合がほとんどです。

上昇前提でしか株価を見ないのは誤り

つまり、投資家の多くは株価が安いうちは上昇しても半信半疑で、買っても含み益を見るとすぐに利益確定してしまい、そのくせ株価が高くなると大胆に買ってきます。

そして、これより上がらないと見るや「もういくらでも売っちまえ」と投げ売りする人が出る一方、ほとんどの投資家はなかなか損切りを決断できず、含み損を拡大させてしまうのです。

空売りには制度上の規制や踏み上げのリスクもあるので、決して「大胆にやろう」と言うわけではありません。が、株価は上昇と同じだけ下落の機会があるわけで、常に「上昇前提、買い一辺倒」の投資スタンスは判断を鈍らせると思います。

用語解説 KEYWORD

空売り《からうり》

証券会社から株を借りて市場で売り、安くなったところで買戻すことで差額を得る。正しくは「信用売り」。本当の空売りは、実物の株を手当てせず、売り契約のみ行なうが、個人投資家には許されていない。英語では「ショート」（short）という。

信用取引口座《しんようとりひきこうざ》

空売りを行なうのに必要な口座。ここに預け入れた現金や株券は、空売りで株を借りるための"担保＝証拠金"になる。信用口座があれば空売りだけでなく、証券会社から資金を借りて株を買う「信用買い」もできる（詳しくはP84〜を参照）。

う、売りたいが…
ガマンだ

セクシーボリンジャー成功例①

ファーストリテイリング(9983)

大きなトレンドに乗って
1カ月にわたって儲かった!
+2σを超えて上昇!
+2σ突破!
買い
売り
25日線
+1σ割れ
その後
上昇!
課題
+1σ割れで両建てもあり
+1σ割れで半分売って
25日線割れまで保有も
20000
19000
18000
17000
16000
15000
14000
13000
12000
11000
10000
9000
(円)
35000
30000
25000
20000
15000
10000
5000
(百株/口)
09/09
09/10
09/11
09/12
10/01

＋2σ突破の翌日に業績好調発表でS高！

「990円ジーンズ」や「ヒートテック」のヒットで、過去最高益を更新したファーストリテイリング（9983）でのトレードです。

09年10月1日、株価が＋2σを突破しました。翌日後に「ユニクロの9月既存店売上が前年同月比31・6％増」と発表されたので、情報が漏れたのかもしれません。

ですが、テクニカル投資はチャートで売買するので、そうした情報戦は関係ありません。買う理由は「ボリンジャーバンドが＋2σを突き抜けた」だけで十分です。

その後、本決算や投資判断の格上げで、株価は順調に上昇。30日に＋1σを完全に割り込んだところで利益確定しました。しかし、その後高値を更新する局面があり、これは取れませんでした。

半分は残して「25日線を割り込んでから売る」としたほうがよかったです。

セクシーボリンジャー成功例 2

日産自動車（7201）

ダマシはあったが
3カ月で2倍を取れた!
買い
売り
損切り
買い
買い
買い増し
売り
半分
利益確定
売り
700
650
600
550
500
450
400
350
300
250
200
(円)
1400000
1200000
1000000
800000
600000
400000
200000
(百株/口)
09/01
09/02
09/03
09/04
09/05
09/06

2段階の利益確定が功を奏した成功例

この日産自動車（7201）のトレードは、09年に最も落ち着いて利益を伸ばせた成功例です。

1月7日に+2σの突破を見て飛び付いたのですが、これは〝だまし〟で1週間後に損切りさせられました。よくあることです。

2月26日に再び+2σ突破で買いました。実はこの時も翌日から2日連続で下がり「またダメか…」と思ったのですが、「25日線を割るまでは切らない」と決めたので、持っていました。すると、3月5日にもう一度+2σを突破したので買い増し。今度は本物で+2σに沿った上昇が続きました。

含み益が十分になったので「+1σ割れで半分利確するが、残りは25日線を割れるまで持つ」2段階の利益確定とすることに決定。第1弾（+1σ割れ）は3月31日と早くに来たのですが、第2弾は6月18日まで引っ張れました。

セクシーボリンジャー成功例③

ダイワボウ(3107)

値動きが激しくて、儲かったけど落ち着かなかった!
急落
+2σ突破も買えず!
買い
売り
出来高も少なくなっていた!
600
550
500
450
400
350
300
250
200
150
100
(円)
140000
120000
100000
80000
60000
40000
20000
(千株/口)
09/02
09/03
09/04
09/05
09/06
09/07
09/08
09/09
09/10

材料株は値動きが激しい出来高の増えすぎに注意

「インフルエンザ関連」の激しい銘柄です。08年11月に鳥インフルエンザが流行した時は、2カ月間で株価が2倍に急騰しました。

09年5月には豚由来の新型インフルエンザが広まりました。今度はセクシー状態からの＋2σ突破でしたが、いきなりストップ高だったのと、出来高が増えすぎだった（それ以上の出来高が続かないと上昇が継続しない）ので、乗れませんでした。

その乱高下が収まっての7月22日、セクシーな状態から＋2σを突破し、かつ出来高も控えめだったので買ってみました。2段階の利益確定も考えたのですが、8月19日に出来高が急増し、長い上ヒゲも出ていたので、＋1σ割れで全部を利益確定しました。

こういう値動きの激しい株を持っていると、含み益でも心が休まりません。ホトホト疲れました。

セクシーボリンジャー成功例④

三菱自動車(7211)

出来高急騰での上昇は見送り！
空売りで含み益！
＋2σ突破！
＋2σ突破！
出来高
大きすぎて
見送り！
空売り
開始！
続行中！
210
180
170
160
150
140
120
110
100
(円)
180000
160000
140000
120000
100000
80000
60000
40000
20000
(千株/口)
09/04
09/05
09/06
09/07
09/08
09/09
09/10

セクシー状態からの−2σ割れは空売りで

相場がダメな時は空売りでも儲けられるという例です。

この銘柄には09年に2回の買いチャンスがありました。最初は3月24日、2回目は6月4日の＋2σ突破です。

9月4日、セクシー状態から−2σを突き抜けたので信用売り。24日に迷うところがありましたが、為替や経済状況を見て継続したら、そのままズルズル下がりました。

株価は上値に制限はありませんが、下値は0円が底なので、ある意味「底が見え始めた」100円台の銘柄を空売りするのは勇気がいります。

ですが、この銘柄は6月4・5日に出来高が急増した時に高値掴みしてしまった投資家が、含み損を抱えたまま損切りできていないことが、その後の出来高から推察され、セリング・クライマックスはまだ先と判断できます。

セクシーボリンジャー失敗例①

三菱重工（7011）

売り
買い
くびれができた!
自信のある買いだったが6日目に損切り!
その後、下落でほっとした!
(円)
(千株/口)
09/04
09/05
09/06
09/07
09/08
09/09
09/10

セクシーボリンジャーが不発に終わったケース

三菱重工（７０１１）は、トレンドができるとしばらく継続する傾向があるので、スイングトレードに向いている銘柄です。

８月26日、株価がいい感じで、＋２σを超えてきました。１カ月近くももみ合い、ボリンジャーバンドもキュッくびれています。

出来高は５５００万株を超えましたが高値ではなく、過去の例からも上昇トレンドのスタート時にはあり得る範囲と判断したのですが…。

翌々日までは順調に上昇、４日は陰線ながらトレンド継続、５日目は＋１σに下ヒゲが引っかかる陽線で「まだセーフ」だったのですが、６日目に25日線を割り込み、失敗が確定しました。

トレードは損失となりましたが、持ち続けていたらご覧の通りでしたので、ルール通りに損切りしたのは正しい判断でした。

セクシーボリンジャー失敗例 2

任天堂(7974)

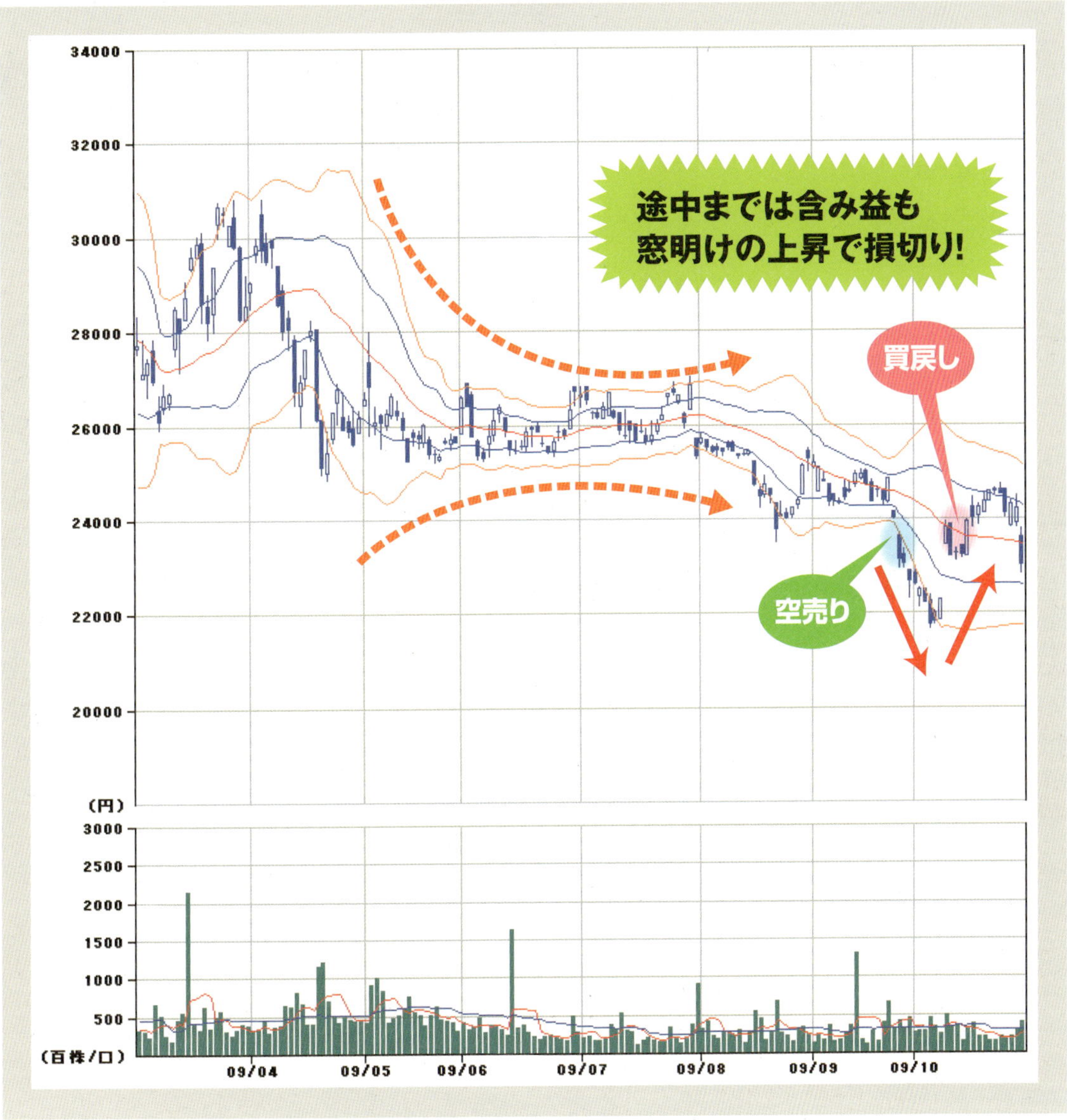
途中までは含み益も
窓明けの上昇で損切り!
買戻し
空売り
34000
32000
30000
28000
26000
24000
22000
20000
(円)
3000
2500
2000
1500
1000
500
(百株/口)
09/04
09/05
09/06
09/07
09/08
09/09
09/10

想定通りの下落が窓開け上昇で幻に

任天堂（7974）はずっと横ばいトレンドが続き、堪えている感じの値動きが続いていました。

しかし、9月28日に配当権利を確定させた投資家の売りで－2σを突き抜け、売りサインが出現。その後の1週間はボリンジャーバンドの－2σに沿った〝順調な下落〟が続きました。

ところが、2万2000円は前年の最安値で、心理的な節目になっていたようです。下げ止まると窓を開けて、25日線まで急反発しました。

売り方には、踏み上げを予感させる恐ろしい上げです。この日の25日線は、売りサインが出た時の－2σとほぼ同位置で、損切りしても大したダメージにならなかったのが、不幸中の幸いです。

このように窓を開けられてしまうと、段階的な利確／撤退ができないのが辛いところです。

ボクがインタビューしました！

ボリンジャーバンドを編み出した人とワタナベくんとの対談が実現！

ワタナベくんの大恩人ボリンジャーさんとの出会い

ボリンジャーバンドは、米国の個人投資家、ジョン・ボリンジャーさんが発明しました。ボリンジャーバンドはこんなにも有名なのに、開発者がどんな人かはほとんど知られていません。かくいう僕も、こんなに普及しているからには相当昔からあるのだろうし、開発者のボリンジャーさんもとっくに亡くなられているのだろうと思っていました。

ところが、それはまったく失礼な大間違いでした。2008年にボリンジャーさんが講演のため来日される機会があり、ザイの読者代表としてお話させていただくことができました。以下は、その時のインタビューです。

ボリンジャーバンドの開発者に会えた！

ワタナベ　ボリンジャーバンドにはいつも大変お世話になっているんです。是非、ボリンジャーさんが「ボリンジャーバンド」を開発された経緯を聞かせてください！

ボリンジャー　オッケー。私が本格的にトレードを始めた当時（1970年代の半ば）、米国では移動平均線に、経験則から割り出した変動幅を重ねて使うのが主流だったんだ。例えば「ダウ平均」なら、21日移動平均線を中心に±4・5%の線を引いて、上にタッチしたら売り、下にタッチしたら買いという具合にね。

ワタナベ　それって「21日移動平均」を、線じゃなくて帯にしただけですよね？

ボリンジャー　そうなんだ。「移動平均」は日々の価格のブレを均すものだからね。計算したら±4・5%以内なら許容範囲だけど、それ以上だと「売られすぎ／買われすぎ」っていう判断だ。ところがこのバンドには致命的な欠点がある。わかるかい？

ワタナベ　大きな材料が出たりして、相場の方向性を変えるような強い動きが出た時には、移動平均線では遅すぎて基準になりません。

ボリンジャー　その通り。株価と移動平均線の乖離はいずれ縮まる。株価が下がってきて移動平均線に近づくのか、移動平均線が株価を追い掛けていくか、どちらかはわからないけど。でも、それを待って売買したんじゃ遅すぎる。だから当時の投資家は、±4・5%を突き抜けるほど大胆で力強い動きが出た時には、追い掛けるか戻りを待つか、自分の経験や勘で決断していたんだ。

ワタナベ　感情に左右されない基準が欲しくてテクニカルを使うのに、いざっていう時には「気合いが頼り」だったんですね。

ボリンジャーさんは特撮カメラマンだった

ボリンジャー　当時、私は「先物オプション」の売買をしていてね。「先物オプション」というのは、例えば「○月○日にダウ平均を××ドルで買う権利」の売買だ。この商品の価格は、その時々の「ダウ平均」はもちろん、

歴史的な高値安値までの距離、決済日までの日数とかで値動きの「ボラティリティ（可変範囲）」が変わってくる。この発想を移動平均線に加味できないかと考えたんだ。

ワタナベ　うわー。なんだか複雑な数式がいっぱい出てきそうですね…。

ボリンジャー　とても複雑な計算だ。だけど当時、私は幸運にも「マイクロコンピューター」を持っていたから、それで計算ができたんだ。あれを買ったのは1979年だったかな。パソコンが登場するずっと前だよ。

ワタナベ　昔のコンピューターってものすごく高価だったんですよね。ボリンジャーさんは先物オプションの価格計算のために、それを買ったということですか？

ボリンジャー　あー、いやいや。当時の私は特撮映像のカメラマンをやっていてね。仕事で使うものだったんだ。まぁ、特撮といってもCMやドキュメンタリー番組用に、数十秒のカットを4カ月かけて作るような仕事でね。

ワタナベ　えええっ!?　ボリンジャーさんが特撮カメラマンだったなんて、日本では誰も知らなかったと思いますよ！

突然のテレビ出演が運命を変えた！

ボリンジャー　でも、ある時期に仕事がなくなっちゃってね…。で、メディア関係のツテで『フィナンシャル・ニュース・ネットワーク』という経済番組専門の放送局で、働くことになったんだ。もっとも仕事はカメラマンじゃなく、過去の値動きを調べて放送用資料を作るというものだった。当時から相場は大好きだったから、この仕事は楽しかった。名物キャスターのエド・ハートもいたしね。ワタナベくん、エド・ハート知ってるよね？

ワタナベ　す、すいません。

ボリンジャー　そうか、米国じゃ知らない人はいないんだけどな。とにかくそこで、裏方として頑張っていたわけだ。ところがある日、局で正社員のストライキがあって、急遽、番組に出演する羽目になってしまったんだ。私は極度のあがり性だから、そういうの勘弁してくれって言ったんだけど…。

ワタナベ　有無を言わさず、駆り出されてしまったんですね。

ボリンジャー　そうなんだ。それで、自分が移動平均線にボラティリティを加味したオリジナルのバンドを当てて、売買していることを紹介したんだ。自分だけのものだったから、特に名前すら付けていなかった。

ワタナベ　え、それじゃあ、名前は誰が付けたんですか？

ボリンジャー　エド・ハートに「ところで、このバンドは何ていう名前なんだい？」っていきなり振られて、焦って「ボ…、ボリンジャーバンドです」って答えて決まっちゃったんだよ。何のひねりもなくて申し訳ないが。

ボリンジャーさんはローソク足が大好き!!

ワタナベ　そんなハプニングがあって、日本の投資家もボリンジャーバンドが使えるようになったんですね。素晴らしいものを考えてくださって、本当にありがとうございます！

ボリンジャー　ありがとう、ワタナベくん。そういうことなら私のほうこそ、日本の皆さんにお礼を言いたいことがあるんだよ。私は日頃から「ローソク足」のチャートを使っているが、あれを考えたのは江戸時代の日本人なんだ。米国で一般的なのはシンプルな折れ線グラフや棒チャートだが、ローソク足のほうがはるかに優れている。

ワタナベ　そんなこと言ってもらえると、日本人として誇らしいです。

ボリンジャー　日本のテクニカル分析は、欧米のそれとはまったく異なる思想で、独自の

進化を遂げてきた。「ローソク足」を始めとする日本の知識が紹介された時、欧米のチャートは革新的に飛躍したんだよ。これは素晴らしいことだと思う。私たちがやるべき仕事はまだまだたくさんあるぞ、ワタナベくん！

相場をありのままに見てやるべきことをやろう！

ワタナベ　はいっ！　では最後に今後、僕がトレードをしていく上で、気を付けなければいけないことがあったら教えてください。

ボリンジャー　これは私自身もいつも気を付けていることだけど、相場に関わっていると色んなところから「株価はいくらまで上昇する」みたいな声が聞こえてくるものだ。そうした予想や見通しは、なるべく耳に入れないようにしないといけない。なぜなら、それを意識した瞬間に先入観ができて、売買の判断に影響が出るかもしれないからだ。今、相場で何が起きているのかをありのままに見て、それに即した行動をとることだ。「相場のことは相場に聞け」って言うじゃないか。

写真の感じからもわかると思いますが、ボリンジャーさんは気さくで優しい、とてもいい方でした。また、実際にトレードをされている方なので、相場について語られる時には特にアツいものを感じました。ボリンジャーさんにお会いできたことは一生の記念で、いただいた名刺はトレードのお守りとしてモニターの上に貼ってあります。

CHAPTER 3

全部見せます！
セクシーボリンジャー
実践編

ワタナベくんは毎日どのように“くびれ”を見つけ
「ボン・キュッ・ボン！」を捕えているのか!?
トレードツールの使い方や、相場状況の見極め、
具体的な損切り＆利益確定のタイミングなどを
実際に手掛けたトレードを振り返りながら徹底検証。
安全にやろうと思ってついつい失敗してしまう
段階的な買い増し作戦にも落とし穴があった!?

前日までの準備はどうする?

セクシーボリンジャー投資の仕込み⇩売買の流れを知ろう!

"くびれ"チャートを探しておこう!

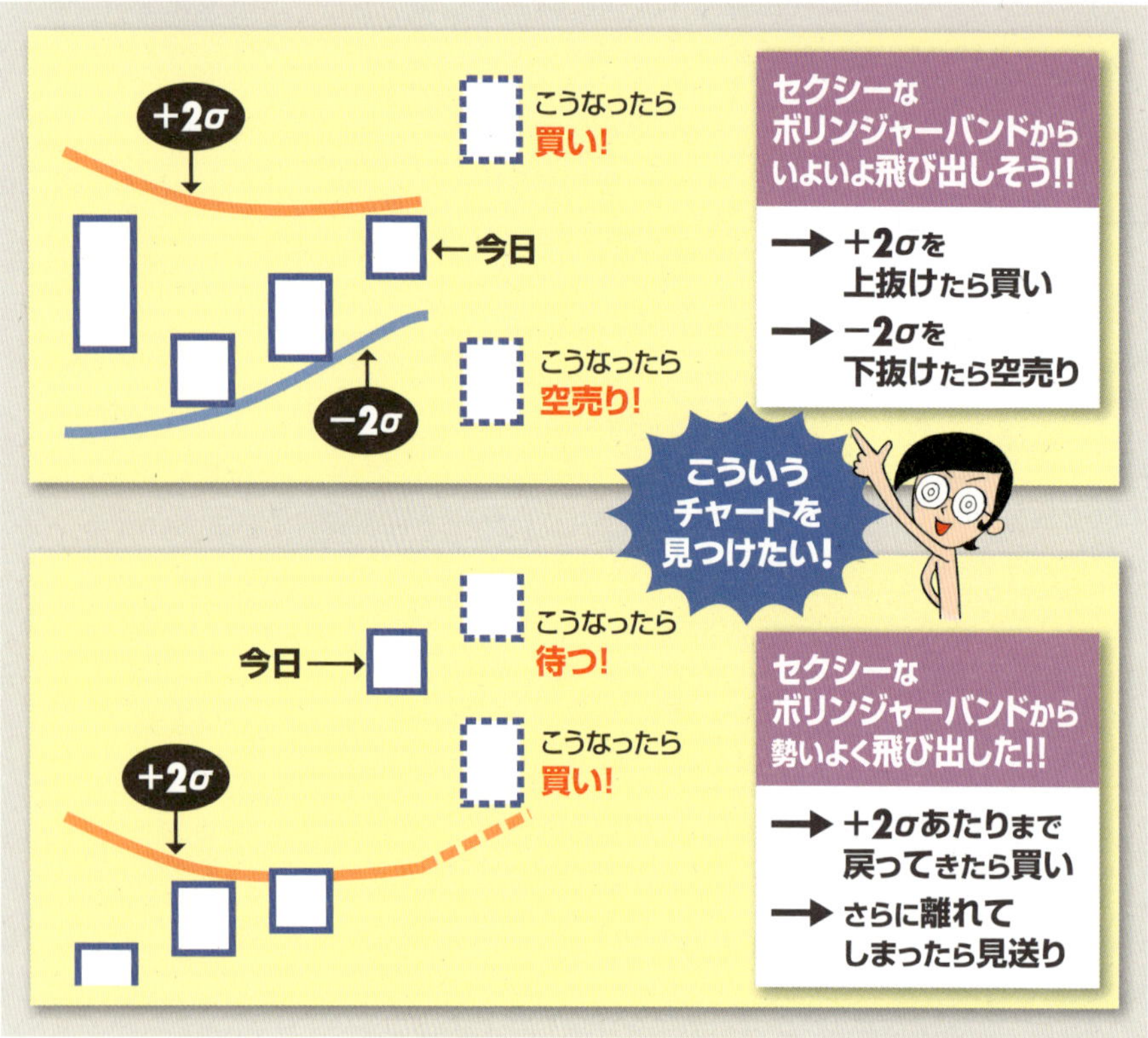
+2σ
こうなったら
買い!
今日
こうなったら
空売り!
−2σ
セクシーな
ボリンジャーバンドから
いよいよ飛び出しそう!!
→ +2σを
上抜けたら買い
→ −2σを
下抜けたら空売り
こういう
チャートを
見つけたい!
こうなったら
待つ!
今日
こうなったら
買い!
+2σ
セクシーな
ボリンジャーバンドから
勢いよく飛び出した!!
→ +2σあたりまで
戻ってきたら買い
→ さらに離れて
しまったら見送り

手掛ける銘柄は前日までに決めておく

最初に**「セクシーボリンジャー投資法」**の流れを確認しておきましょう。①あらかじめボリンジャーバンドがキュッと絞られ、**セクシーになっている銘柄を探しておきます**。②**株価が+2σを飛び出したタイミングで買います**。③**上昇が不発に終わり、終値で+1σを割り込みそうなら損切り**します。④**それ以外は持ち越して保有**します。以上です。

トレードは準備が大切です。どの銘柄がどうなったら売買注文を出すのかは、**前日にチャートを吟味して決めておきます**。ザラバ中に値動きの勢いに釣られてチャートも確認せずに飛び付くと、高値づかみになったり損切り基準があいまいになったりで、ロクなことはありません。

手掛ける銘柄は、チャートを見て探します。狙うのは言うまでもなく、ボリンジャーバンドがセクシーになっている銘柄です。コラムにも書きましたが、僕は以前こうしたチャートを探すのに「三千本ノック」をしていました。しかし、この本を読まれている皆さんは、そんな非効率的なことをする必要はありません。

流動性や、つなぎ売り（P98参照）ができるかどうか（信用売りができるのは「貸借銘柄」のみ）も考えると、対象は**「日経225銘柄+α数銘柄」**でも十分かもしれません。長くやっていると相性のいい銘柄もできますし、ボ

①ここに銘柄コードを入力!
②コード番号前後の銘柄を表示!
銘柄 7213
こんなソフトを使うと便利に探せる!
①ブックマークに銘柄リスクを作る!
②マウスのホイール転がす
ここがホイール!
③チャートがパラパラめくれる
くびれている!
出来高少なっ!!
市況情報へ
こういうのはパスかな…

銘柄コード順で全部見ようとすると、出来高のほとんどない2部や新興市場の銘柄もたくさん見なければならない。あらかじめ銘柄リストを作り、その中から探すほうが効率はいい。

Tactico（タクティコ）http://www.lagarto.co.jp/tactico/

リンジャーバンドが〝くびれ〟るにはそれなりに日数を要するので、銘柄探しは週末だけでも大丈夫。また、株を買った後は値動きを見守るだけなので、そんなに忙しくはなりません。

チャートで選び 5銘柄程度に絞り込む

楽天証券の「マーケットスピード（マケスピ）」では、銘柄コード入力欄の横にある▲を押していくと、コード順に次々チャートが表示される機能があります。また、「タクティコ」というソフトを使うと、マウスのホイールをコロコロするだけでチャートをパラパラめくるように表示できるものがあります（三千本ノックをやりたい人には必須です）。

このようにして、目ぼしいチャートを見つけては書き出し、後から出来高や信用倍率などを確認した上で、**明日手掛ける候補を2～5銘柄程度に絞り込みます**。これで、準備は完了です。

ワタナベくんの 株のネタ帳

便利なチャートパラパラ機能 タクティコ

システムトレードの検証など、高度なテクニカル分析にも使える有名なチャートソフト。インターネットからダウンロードして使います。機能は色々ありすぎて、とても「使い倒している」とは言えないのですが、マウスのホイールを転がすことでチャートを次々表示できる「パラパラ機能」は特に便利です。「三千本ノック」を〝血の猛特訓〟みたいに書きました（P42コラム）が、実はこのツールでパラパラと流し見していただけなので、それほどキツイ作業ではなかったんですよね。お気に入りに登録した銘柄だけを、パラパラすることもできます。日足データを取得するため、年間4980円かかります（ただし丁寧なサポートは期待できませんのであしからず）。

パラパラ
カチカチ

使いやすくカスタマイズしよう!

マーケットスピードで銘柄登録してみよう!

この3画面でトレードしてます!

発注画面+その他

①時計…前場と後場の取引開始と終了、およびその数分前にチャイムが鳴る。②付箋…前日用意した銘柄リスト。③ドル円…FX会社の為替表示ソフト。④マケスピ「Nano」…発注に特化した専用ソフト。⑤日経平均…マケスピの「ツールバー」

僕のデスクトップは こんな感じです。マルチモニター(複数画面)は絶対オススメです!

カーソルを当てればわかる+2σは今いくら?

ここでは、トレードツールのセッティングについて説明します。自分が愛用している「マケスピ」を例に挙げますが、同様の機能を持ったツールはほかのネット証券でも提供しています。また、無料の「ケンミレ投資情報」や「ヤフー!ファイナンス」でも、ボリンジャーバンドのチェックはできます。

チャートを吟味する際は、主に**日足を見ます**。「レイアウト登録①～⑩」で設定しておくと、好みのチャート形式で即座に表示されて便利です。僕は「①移動平均線（5日と25日）と出来高」「②ボリンジャーバンドと出来高」「③ボリンジャーバンドとMACD」「④一目均衡表」のように登録しています。

ボリンジャーバンドを表示させてチャート上にカーソルをなぞらせると、右側の「チャート種類」の欄に+2σ、+1σ、25日移動平均、−1σ、−2σの各線が、それぞれ何円の位置にあるのかが表示されます。これを使えば**セクシーになった状態で、何円以上になれば+2σを突き抜けるのかがわかります**。

「○円以上なら買い」とする逆指値を入れておけば、買い逃しはなくなります。ただし、+2σをとんでもなく乖離した位置で買えてしまうとか、上ヒゲを付けて+2σ内に戻る可能性もあります。ザラバ（取引時間）中に見られない

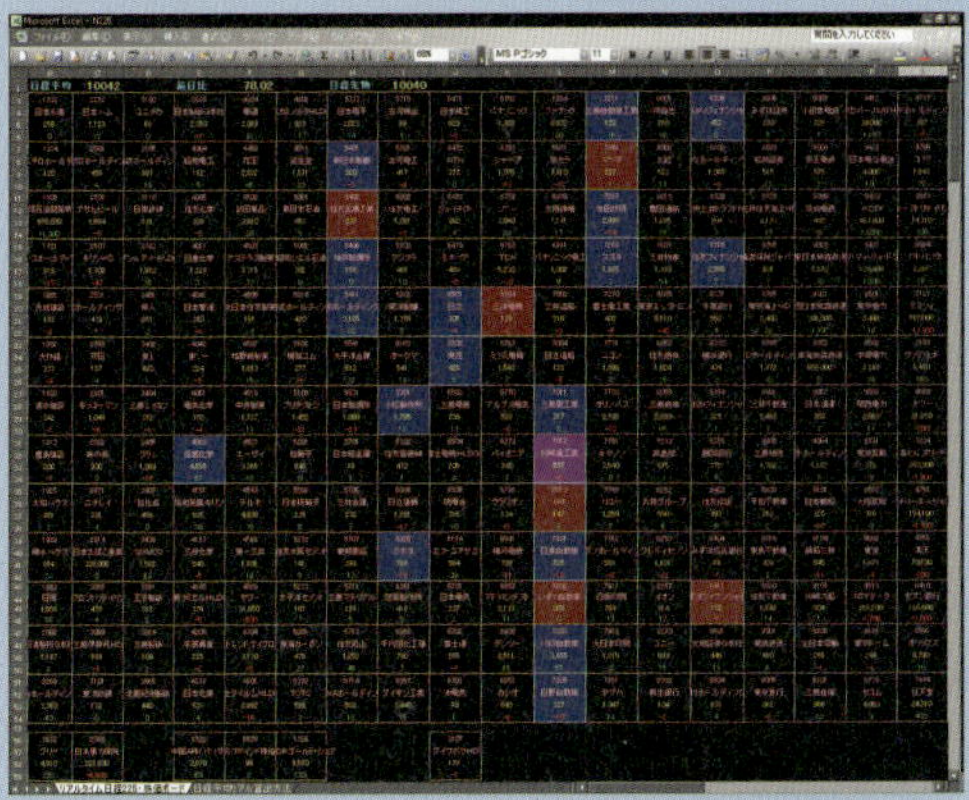

日経225＋αの株価ボード

「リアルタイムスプレッドシート（RSS）」で作成した日経225銘柄＋α数銘柄の株価ボード。市場全体の様子や業種別の騰落が一目でわかる。所々で下地の色を変えているのは、よくチェックする銘柄を見つけやすくするための工夫。

気配値＋チャート画面

2銘柄を監視している時の配置。2銘柄とも含み益か、保有している1銘柄が完全にトレンドに乗っかり、もう1銘柄を探している時にこのパターンになる。1銘柄のみ監視の場合はチャートを大きく表示させるなど、もう少しゆったりする。

人は「約定通知メール」を使うなどして、買いっぱなしにならないよう対策を講じてください。

自分の投資スタイルや環境に合った配置を探そう

主に、ザラバ中に表示させておくのは「マイページ」です。これは自分好みのレイアウトで必要な情報を配置できるページです。僕は「板情報＋歩み値」と「ボリンジャーバンド（日足）」を2銘柄分表示させています。17型モニター1画面だとキツキツですが、僕は2銘柄程度しか同時保有しないので問題ありません。

ちなみに、僕は17型モニター3画面でトレードをしています。画面①は「リアルタイムスプレッドシート」で作った株価ボード、画面②はマケスピ、画面③は「マケスピＮａｎｏ（注文用ツール）」です。「マケスピ」でも注文できますが、発注する間にチャートが隠れてしまうのが嫌なので「Ｎａｎｏ」を使っているのです。

ワタナベくんの株のネタ帳

マケスピ以外にもあります！ トレードツール

自分が愛用しているので本書ではやたら「マケスピ」が出てきますが、決して他社のではダメという訳ではありません。各証券会社が提供しているトレードツールの機能は、だいたいどれも似通っていますので。

たとえば、自分が使っているものではGMOクリック証券の「スーパーはっちゅう君」が優れています。チャートの見やすさは「マケスピ」が好みですが、板情報を見ながらの発注では「スーパーはっちゅう君」の使いやすさも負けていません。

高性能なツールは有料の場合が多いのですが、トレード回数など一定の条件を満たせばほとんどが無料になります。

GMOクリック証券の「スーパーはっちゅう君」

売買当日　くびれ→ボンッ！となったらつかまえろ！

地合いに吹く風の向きと強さで 売買当日の作戦を考えよう！

±2σを超えたところからが勝負！

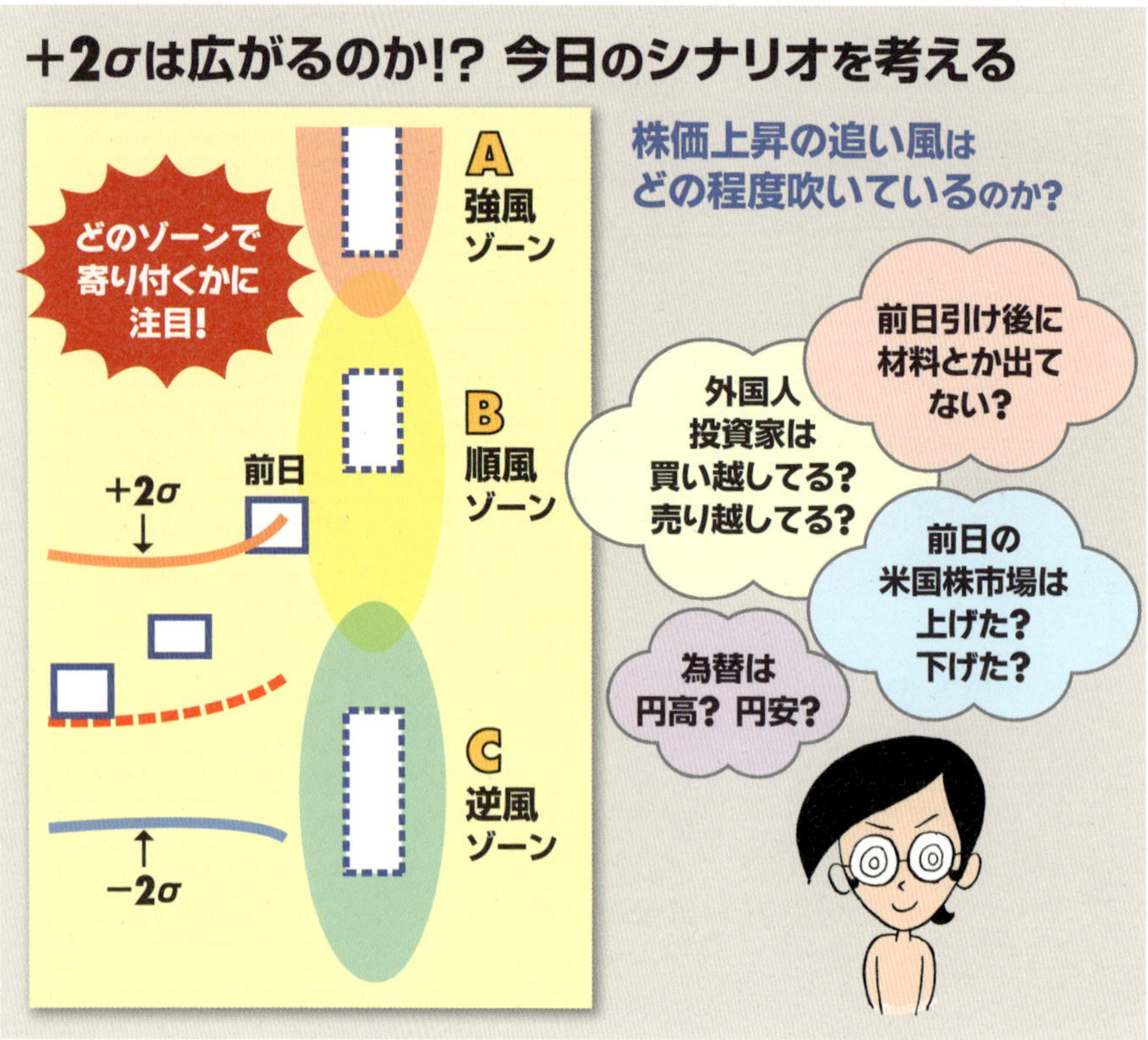
＋2σは広がるのか!? 今日のシナリオを考える
どのゾーンで寄り付くかに注目!
A 強風ゾーン
B 順風ゾーン
C 逆風ゾーン
前日
＋2σ
−2σ
株価上昇の追い風はどの程度吹いているのか?
前日引け後に材料とか出てない?
外国人投資家は買い越してる? 売り越してる?
前日の米国株市場は上げた? 下げた?
為替は円高? 円安?

飛び付くべきか待つべきか それが問題だ！

さて、いよいよ当日です。**朝8時30分くらいから準備を始めます**。まず前日の米国市場、為替、外資系証券寄付前注文動向、日経平均先物（シカゴ）、重要指標、銘柄別材料などをチェックします。

サイトを巡回してもいいのですが、テレビの株式情報番組を見れば一通り報道されます。オススメはTOKYO MXの「ストックボイス　東京マーケットワイド」です。なお、この番組はインターネットでも見られます。

取引は9時から始まりますが、5分前くらいから気配値に注目します。**株価が＋2σより高く寄り付きそうであれば、買い注文を出す準備をします**。勝手な希望を言えば、＋2σからあまり離れたところで寄り付いてほしくありません。

というのも、あまり高く始まってしまうと、その日の値動きは＋2σに向けて戻る動き（陰線になる）になる可能性があるからです。そうなった場合に、飛び付くか待つかはケース・バイ・ケースとしか言いようがありません。相場全体の勢いや、その時々の傾向も影響します。

＋2σから大きく乖離するというのは、それだけ注目が集まり、多くの買いが殺到した証拠です。しかし、もし熱狂が冷めて「さすがにこれは高すぎだろ…」と思われれば、適正水準まで戻ります。当初の損切りラインは「＋1σ割

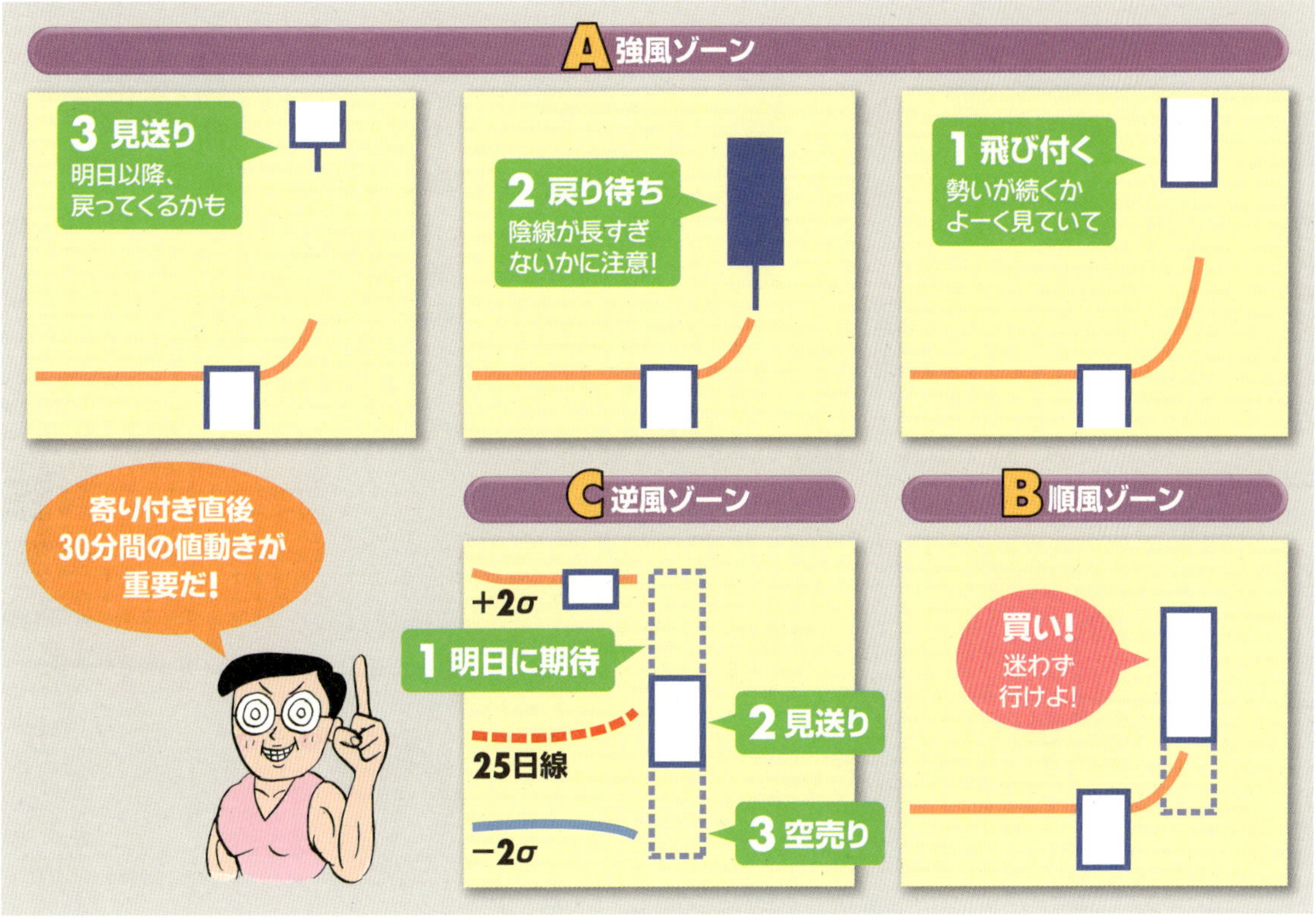
A 強風ゾーン
3 見送り
明日以降、戻ってくるかも
2 戻り待ち
陰線が長すぎないかに注意!
1 飛び付く
勢いが続くかよーく見ていて
寄り付き直後30分間の値動きが重要だ!
C 逆風ゾーン
+2σ
1 明日に期待
2 見送り
25日線
3 空売り
−2σ
B 順風ゾーン
買い! 迷わず行けよ!

れ」なので、飛び付くか否かはそこまでの損失を覚悟できるかどうかで判断してください。

逆指値を入れたらザラバを離れて大丈夫

株が買えたのを確認したら、しばらく値動きを見守ります。買った直後に含み益になればしめたもの。あとはその含み益が、大きく育つように願うばかりです。**損切りラインに逆指値**（P128参照）**の売りを入れて**しまえば、もうザラバに張り付いている必要もありません。

もし、買った直後に急騰して、+2σを大きく乖離する陽線が立ったら、利益確定したくなるでしょう。熱狂が収まれば+2σに戻りますし、そこで買い直せばいいと思うかもしれません。ですが、せっかく安値で拾ったポジションをやすやすと手離してはいけません。そういう場合はつなぎ売り（P98参照）で対処して下さい。

ワタナベくんの株のネタ帳

投資に役立つ情報をゲット!

株式情報番組

「ストックボイス 東京マーケットワイド」（TOKYO MX2、三重テレビ、サンテレビ）は、月〜金曜日の8時30分〜11時40分・12時29分〜15時20分、東証から生中継で、株のことだけやっている楽しい番組です。受信できない地域の人は、インターネットでどうぞ。

スカパー!やAmazonプライムビデオなら、日経CNBC（有料）が朝から晩までマーケット関連の話題をやっていて楽しいです。

ラジオでは「ラジオNIKKEI」がザラバに市況中継をしています。短波放送ですが、インターネットで聴くのがおススメです。

http://www.stockvoice.jp/

トレードはキャッシュ・ポジションにして終わる!
利益確定も損切りも 基本の売り時は＋1σ割れ!

トレードルールはきっちり決めよう!

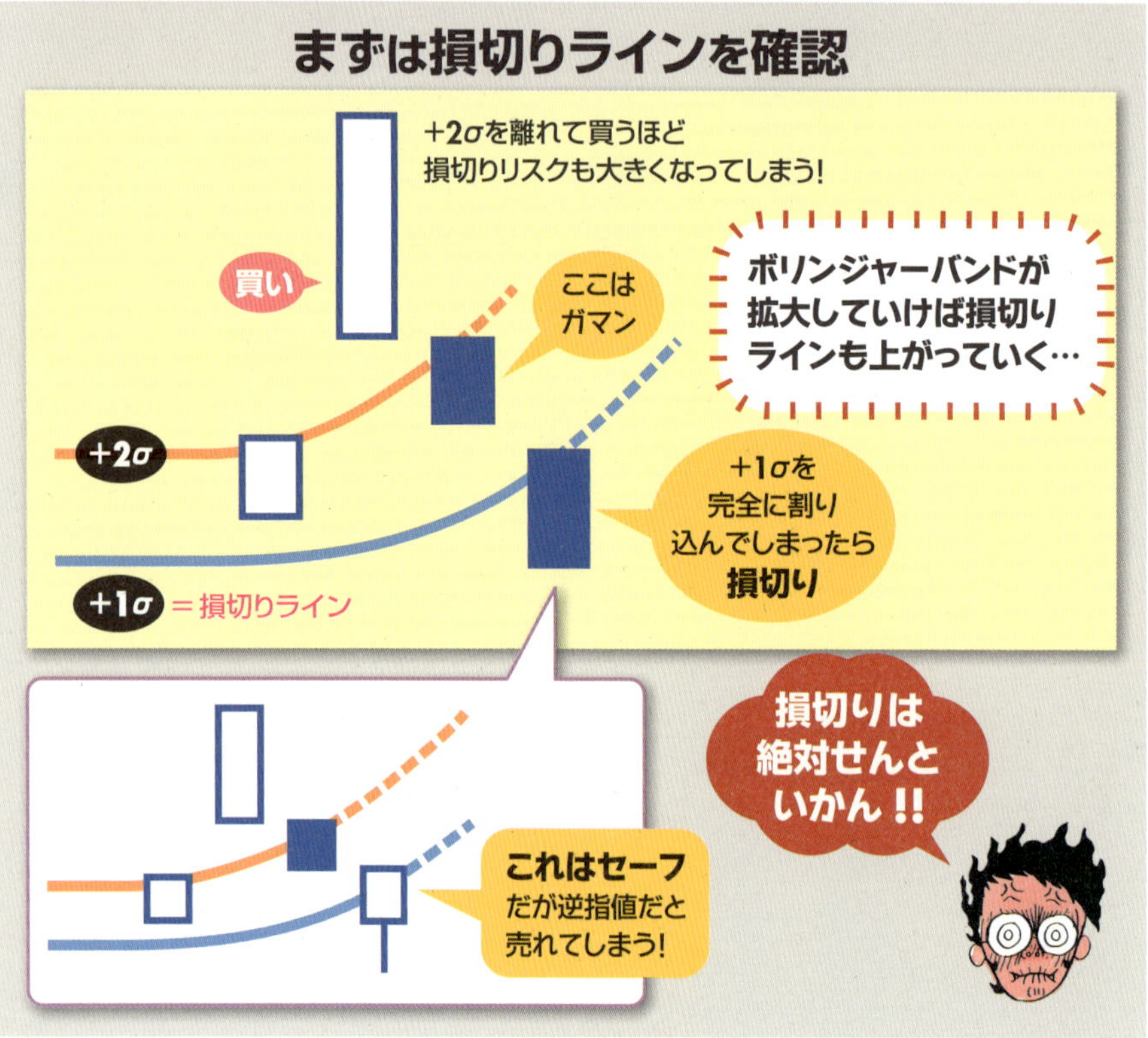
まずは損切りラインを確認
＋2σを離れて買うほど
損切りリスクも大きくなってしまう!
買い
ここは
ガマン
ボリンジャーバンドが
拡大していけば損切り
ラインも上がっていく…
＋2σ
＋1σを
完全に割り
込んでしまったら
損切り
＋1σ ＝損切りライン
損切りは
絶対せんと
いかん!!
これはセーフ
だが逆指値だと
売れてしまう!

利益確定は＋1σを完全に割れてから

株は利益確定をしてなんぼです。個人投資家は基本、キャピタルゲイン（株式売却益）を優先すべきだと思います。含み益がたんまりあった状態で配当をもらうならいいのですが、株価下落で配当以上に損をしたら本末転倒です。

　しかし、利益確定を重視するあまりに細かい売買を繰り返しては、結局のところ大きな利益を取り逃してしまいます。利益確定は上昇トレンドが続く限り、先延ばししたほうがいいのです。

　セクシーボリンジャーからの＋2σ突破で買った直後の利益確定は、＋2σを大きく乖離したところで賑わっていた場合と、＋2σに沿うように上昇の流れができた場合では少し異なります。

　前者は材料相場に多いパターンですが、＋2σまで落ちてきた時点で、買いエネルギーをかなり消費している可能性があります。したがって＋2σを割り込んだら、一部でも利益確定しておいたほうがいいかもしれません。

　後者の場合は、当面は**終値で＋1σを割り込んだところが利益確定のポイント**になります。

　ただし、＋1σを少し下回ったところに、さっそく逆指値を入れてしまうのはどうかと思います。

と言うのも、上昇トレンドに乗った株価は、そのまま＋2σと＋1σの間を行ったり来たりしながら上げて行く場合が多いのです。下ヒゲを付けて＋1σに乗ったチャ

＋1σ割れで売り→含み益になったら「2段階売り」も!!

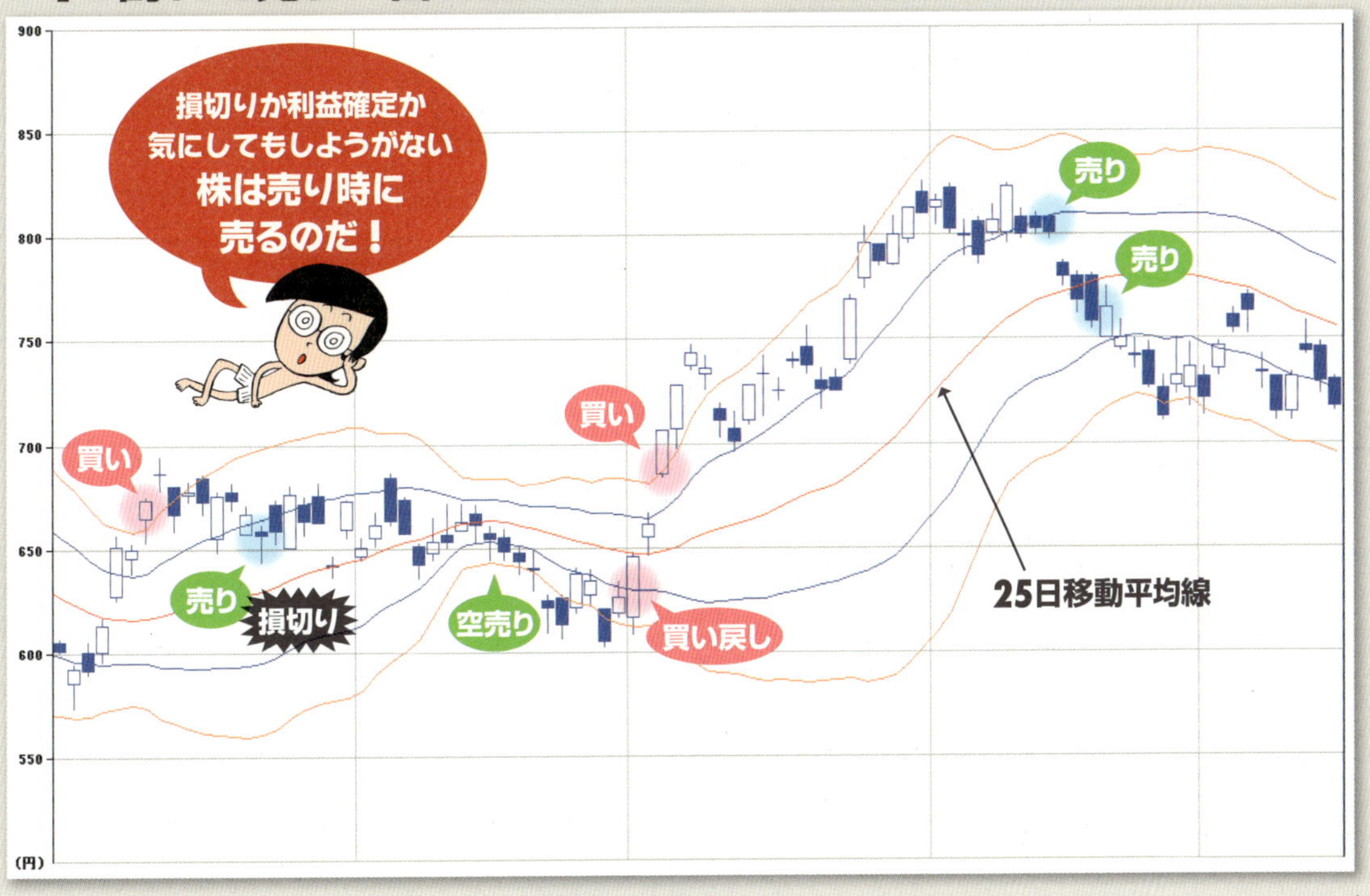
損切りか利益確定か
気にしてもしようがない
株は売り時に
売るのだ！
買い
売り
損切り
空売り
買い
買い戻し
売り
売り
25日移動平均線
900
850
800
750
700
650
600
550
(円)

ートも良く見るので、割り込んだ瞬間に売ってしまうのは、もったいないと思います。

含み益がたまったら2段階利確にしよう！

上昇がしばらく続いたら、利益確定を「＋1σ割れ」と「25日線移動平均線割れ」の2段階に分けるのもいい作戦です。

十分に含み益ができたから可能なことですが、一般的に25日移動平均線が右肩上がりで、株価がそれより上にある限りは〝上昇トレンドは継続中〟なのです。

そのような銘柄には「25日移動平均線まで戻ってきたら買ってやろう」と思っている投資家もたくさんいるはずなので、反発してさらに利益を伸ばせる可能性があります。

段階的な利益確定は、5：5にこだわる必要はありません。相場全体の強さや値動きの様子を見ながら按配してください。

ワタナベくんの株のネタ帳

ザラバが見られない人へ 待ち構えない方法

日中に仕事などをしていて、ザラバに張り付いていれない人も多いと思います。あらかじめ＋2σの外側に逆指値を入れて待ち構える方法もありますが、株価はいつ＋2σを飛び出すかわかりませんし、上ヒゲで終わる可能性もあります。だったら「1日遅れは覚悟の上で、＋2σを突破した銘柄から選ぶ」のも手です。株価がぶっ飛んで乖離が大きくなっているものは最初からパスします。

前日終値より少し上値で指値を入れておけば、うまくすれば＋2σタッチで買えるかもしれません。リアルタイムに監視できないのはリスクですが、ある程度は割り切ってベストを尽くしましょう！

日経平均が1万3000円を軽く超えましたよ
今株で儲けられない人の顔が見たいですね

資金投入の大きさにも気をつけよう！

ワタナベ流は最初に大きく買っていく！

買い増しの仕方で利益は大きく変わる！

100株ずつ多く買い増ししていくと…

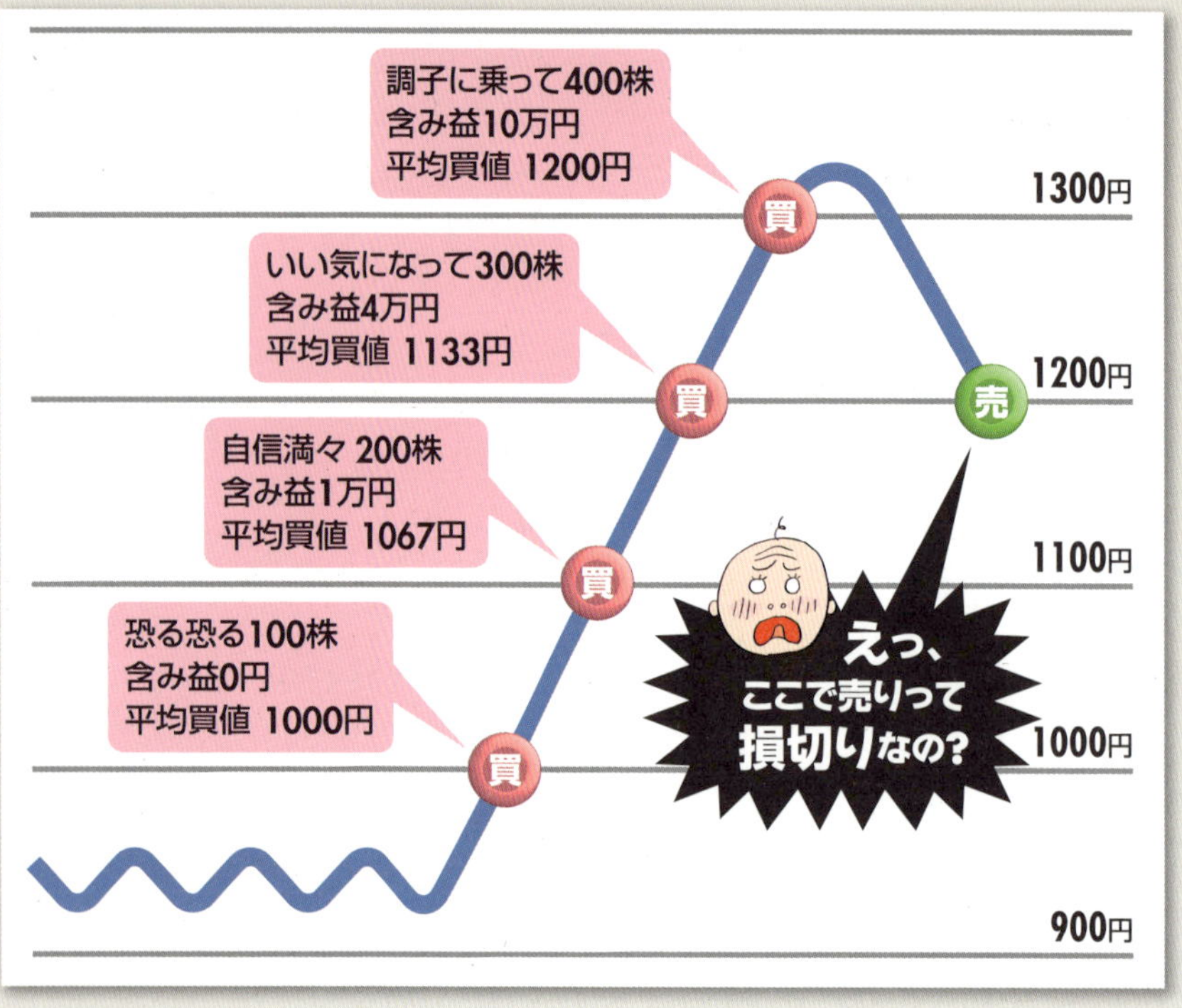
調子に乗って400株
含み益10万円
平均買値 1200円
いい気になって300株
含み益4万円
平均買値 1133円
自信満々 200株
含み益1万円
平均買値 1067円
恐る恐る100株
含み益0円
平均買値 1000円
買
売
えっ、ここで売りって損切りなの？
1300円
1200円
1100円
1000円
900円

投資資金10のうち最初に10買うもよし！

トレードは**「銘柄選び」「タイミング」「資金管理」**の3拍子が揃って、初めて成功するものです。せっかく上昇する銘柄を選び、絶好のタイミングを捉えたとしても、少しの株数しか買えていなければ、得られる利益はわずかです。どのタイミングでどれだけ資金を投入するかも重要な戦略です。

セクシーボリンジャー投資法の核心は、上昇トレンドが始まる瞬間を捉えることにあります。つまり、最初が肝心なのです。**タイミングが「どんぴしゃ」であれば、1銘柄に充てる投資資金が10あるとしたら、最初から10を投入してもいいくらい**です。

ただし、ボリンジャーバンドを飛び出して、＋2σから大きく離れて始まった場合は、いったん＋2σまで戻る可能性が気になります。高値づかみは怖いですから、乖離の度合いに応じて投入金額を分散するなどの工夫を凝らしたほうが賢明です。

ボリンジャーバンドが拡大する前に打診買いができていれば、＋2σを飛び出した段階ですでに含み益があることになり、その後の値動きを余裕をもって見守れます。

とはいえ根拠もなく「この銘柄は＋2σを突破するだろう」という希望的観測で動くのではありません。ボリンジャーバンドの表示を、通常の移動平均線のチャートに戻すと、＋2σより先に「ゴールデンクロス」のタイミングで買える

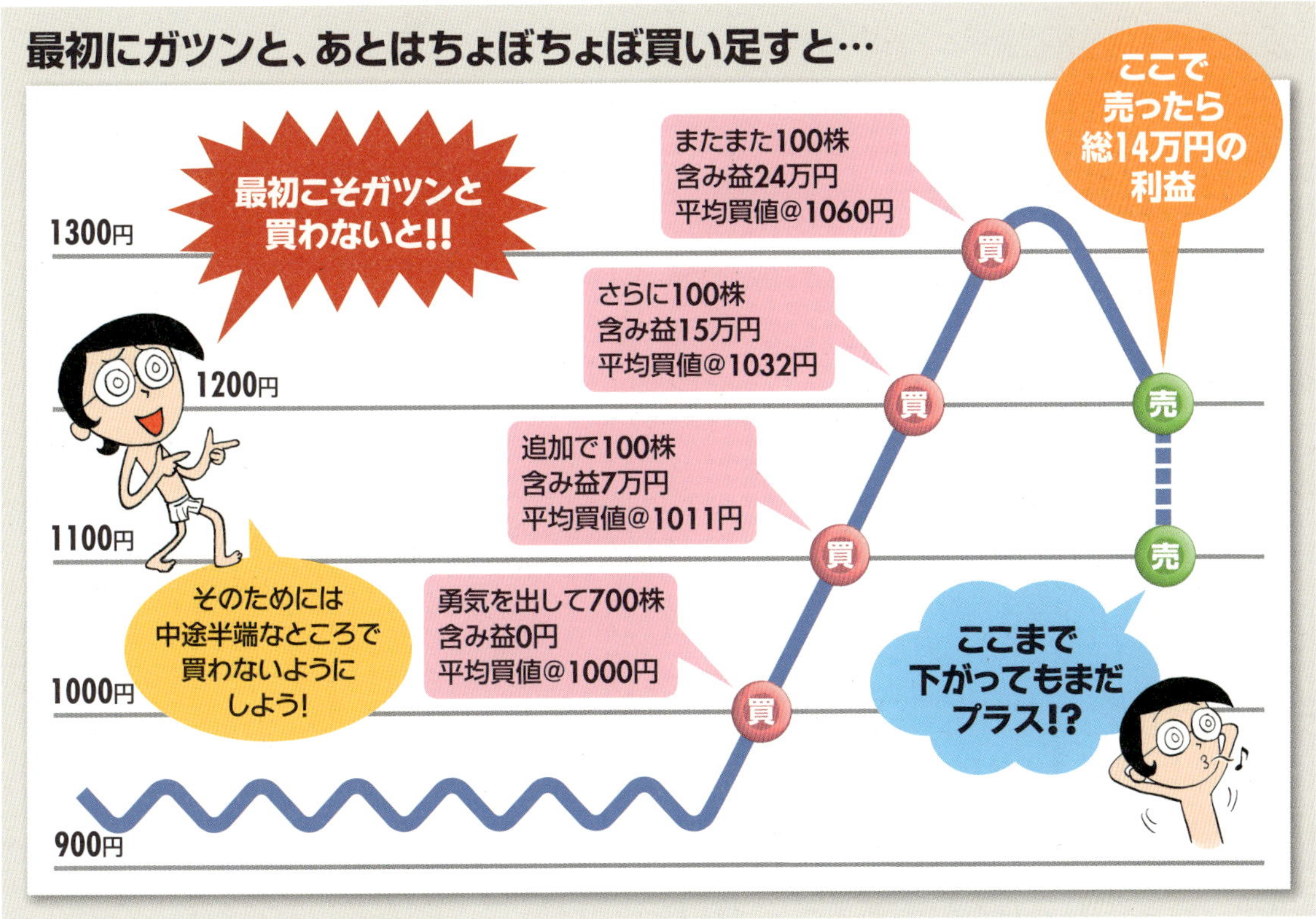
最初にガツンと、あとはちょぼちょぼ買い足すと…
最初こそガツンと買わないと!!
そのためには中途半端なところで買わないようにしよう!
勇気を出して700株 含み益0円 平均買値@1000円
追加で100株 含み益7万円 平均買値@1011円
さらに100株 含み益15万円 平均買値@1032円
またまた100株 含み益24万円 平均買値@1060円
ここで売ったら総14万円の利益
ここまで下がってもまだプラス!?
1300円
1200円
1100円
1000円
900円
買
売

場合があるのです。

横ばいトレンドが続いているのは売買が拮抗しているということで「ゴールデンクロス」だけでは買いづらいのですが、セクシーボリンジャー投資の打診買い根拠であれば活用価値があります。

上昇後の追っかけ買いは資金の1〜2割までに

ボリンジャーバンドが拡大した後の買い足しは、平均買値を引き上げてしまいます。含み益があるほど買える気分になるものですが、資金管理の戦略上はあまり買わないほうがいいのです。地合いにもよりますが、**買うとしても保有株数の1〜2割に止めておくほうがよいでしょう。**

なお、初心者の鉄則とされる「分散投資」は、短期投資では意味がありません。上昇トレンドの銘柄を選ぶわけですし、下落リスクは損切りで管理するからです。銘柄と資金を集中させた、効率の高い運用が短期投資の利点です。

用語解説 KEYWORD

ピラミッディング《ぴらみってぃんぐ》

上昇トレンドが続く限り、買い続けて行く強気の投資戦略。単に持ち株数を増やすのではなく、ピラミッドのように、上にいくほど買いを小さくしていくのがミソ。含み益の範囲内で新たなリスクを取る分には、損失にはならない。

難平《なんぴん》**・ナンピン**

株価が下がり、含み損になった銘柄をさらに買い増す強気の投資戦略。下値で買い増すほど反発した際の回復は早まるが、逆に下落が続けばさらに損失を拡大させてしまう。非常に難易度の高い手法で、たいていの投資家は失敗する。「下手なナンピンすかんぴん」の格言もある。

打診買い《だしんがい》

本来は機関や大口の投資家が、市場の反応（自分たちが買えば周りも追随してくるか）を見るために観測気球的に入れる買い。個人投資家の場合は買いサインが出ることを見越してフライング気味に買ったり、サインは出たがだましを警戒して少しだけ買ってみること。

ボクのツラい日々を
お伝えします！②

毎日のデイトレは「株の修業」だった

僕はデイトレで株を覚えました。おかげで、短期間にたくさんの銘柄やチャートを知ることができましたし、幾度となく日本市場を襲った暴落も、ほぼ無傷で乗り切ることができました。

しかし、その一方ではずっと「デイトレは早く卒業したい」と思っていました。デイトレは精神的・肉体的な消耗が激しく、とても長く続けていける手法ではなかったからです。自分としては、長く株をやっていくことを考えれば、経験を積むほどに上達し、負担が減っていく手法を覚えたかったのです。

また、2004〜2005年には取引所や証券会社のシステムが、顧客の注文をさばききれずにたびたびダウンした時期がありました。その原因が、頻繁に売買を繰り返すデイトレーダーのせいにされたのです。自分たちのシステムのダメさを顧客のせいにするなんて、ひどい話です。

あんまりデイトレが悪者にされるので、いつ規制がかけられるかもしれないとの危機感がありました。そうしたら、せっかく努力して築き上げた手法が、ある日を境に使えなくなってしまうのです。結果的にライブドア・ショックがあって以降、デイトレはすっかり下火になり「規制しろ」の声も聞かれなくなりましたが、ブームが再燃すればどうなるかわかりません。

自分のデイトレはスイングに適していた

幸いにも自分の手法（銘柄探し＋売買タイミングの測り方）はチャートを根拠にするもので、スイングでも通用しました。それどころか、むしろデイトレでないほうが、利益を伸ばせました。

2005年までは新興3市場が過熱気味で、急落怖さに毎日キャッシュポジションにしていました。が、株が順調に上昇していく過程では、チャートが「窓」を開けていくことが多く、デイトレではその分をリスク回避と引き換えに取り逃がしていたのです。

2006年には新興市場が崩壊、東証1部の出来高のある銘柄を中心に売買するようになって、じょじょにデイトレ→スイングに移行しました。こうして振り返ると、いい時期に株を始めたし、いいタイミングでデイトレを卒業できました。これは非常に運が良かったと思います。

デイトレは体力だ！
夏バテは敵だ!!
お金大学修了証
プル
プル
「うで立て伏せ10回」に挑戦中

CHAPTER 4

チャート＋αでトレードの精度を高めよう！

チャートは“株価の足跡”に過ぎず過信は禁物。
「こうなったら上がる」のセオリーも絶対じゃない。
しかし、複数のチャートで多角的に見たり
オシレーターを組み合わせて過熱感を測ることで、
タイミングのブレやズレを回避できることもある。
セクシーボリンジャーの精度を高めて
自信をもって決断するための、ひと工夫。

＋アルファでさらに精度を上げよう！

ボリンジャー＋MACDで押し目買いに自信！

MACDでセクシーボリンジャーがさらに生きる！

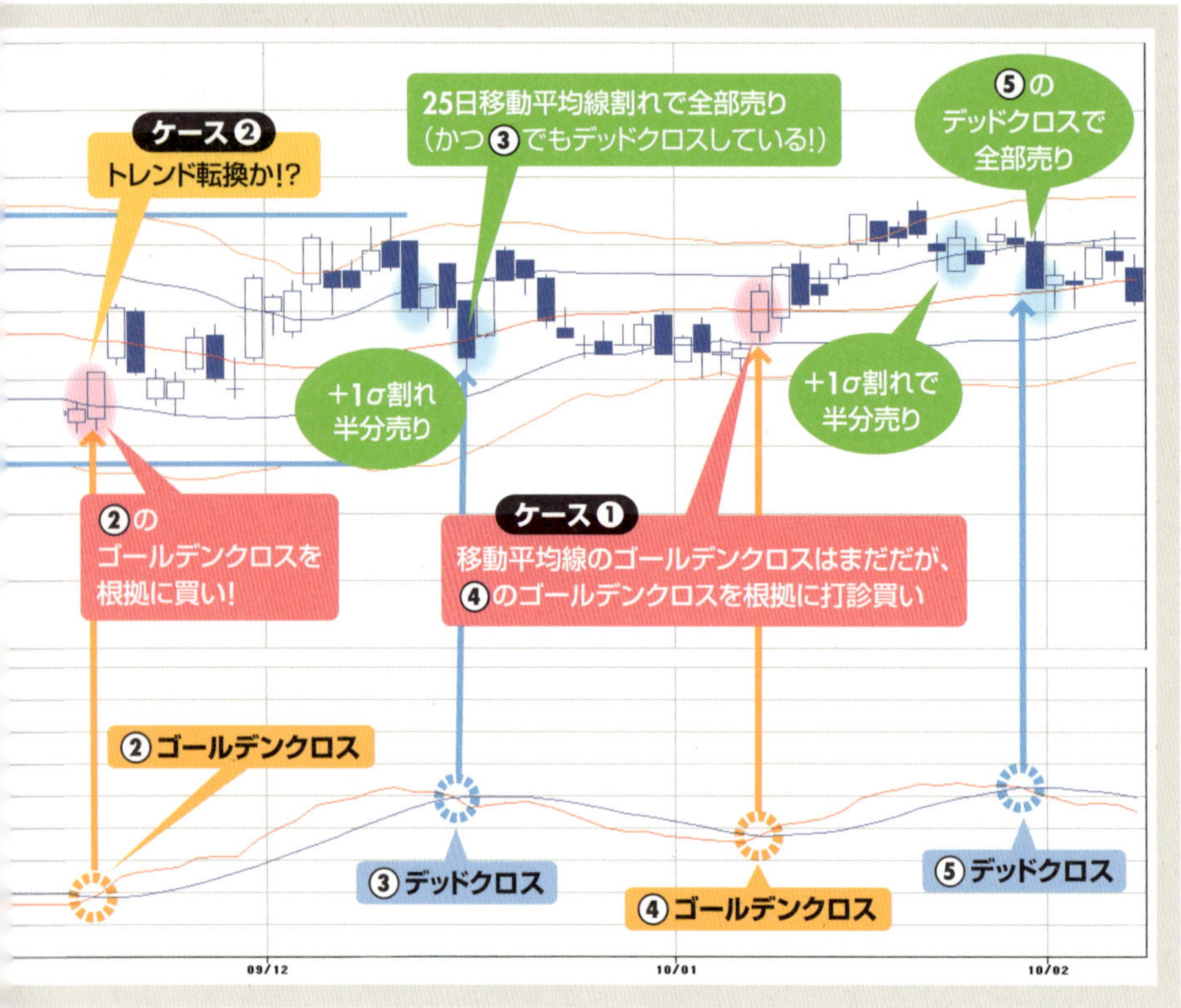
ケース❷
トレンド転換か!?
25日移動平均線割れで全部売り
（かつ❸でもデッドクロスしている!）
❺の
デッドクロスで
全部売り
+1σ割れ
半分売り
+1σ割れで
半分売り
❷の
ゴールデンクロスを
根拠に買い!
ケース❶
移動平均線のゴールデンクロスはまだだが、
❹のゴールデンクロスを根拠に打診買い
❷ゴールデンクロス
❸デッドクロス
❹ゴールデンクロス
❺デッドクロス
09/12
10/01
10/02

複数のチャートでサインのブレを見破る

チャートのサインにはブレやズレが生じると、何度か書きました。「チャートってのは、ブレやズレばっかりかい⁉」と突っ込まれそうですが、〝たまの1回〟が痛手になることもあります。慎重を期すに越したことはありません。

サインが本物かを見極めるには、**複数のチャートを併用するのが有効**です。本書でここまでに紹介した「右肩上がり銘柄の25日移動平均線押し目買い」「移動平均線のゴールデンクロス／デッドクロス」「ボリンジャーバンド」と相性がいいのは、「MACD」（マックディー）だと思います。

MACDのチャートは、「MACD」と「シグナル」の2本の線から成っています。上のチャートでは赤いラインがMACD、青いラインがシグナルです。

これは移動平均を複雑な計算式により加工したものですが、使い方は至って簡単。**MACDが「シグナルを上抜いたら買い」**、逆に**「MACDがシグナルを下抜いたら売り」**のサインです。

左側に刻まれた目盛も見てください。買いサインが「0」よりも低いところで、売りサインが「0」よりも高いところで出るほど、サインは強力であると判断します。

MACDのいいところは、移動平均線よりブレがなく、サインが早く出るところです。どんな場面で使えるのか、ケース別に見てみましょう。

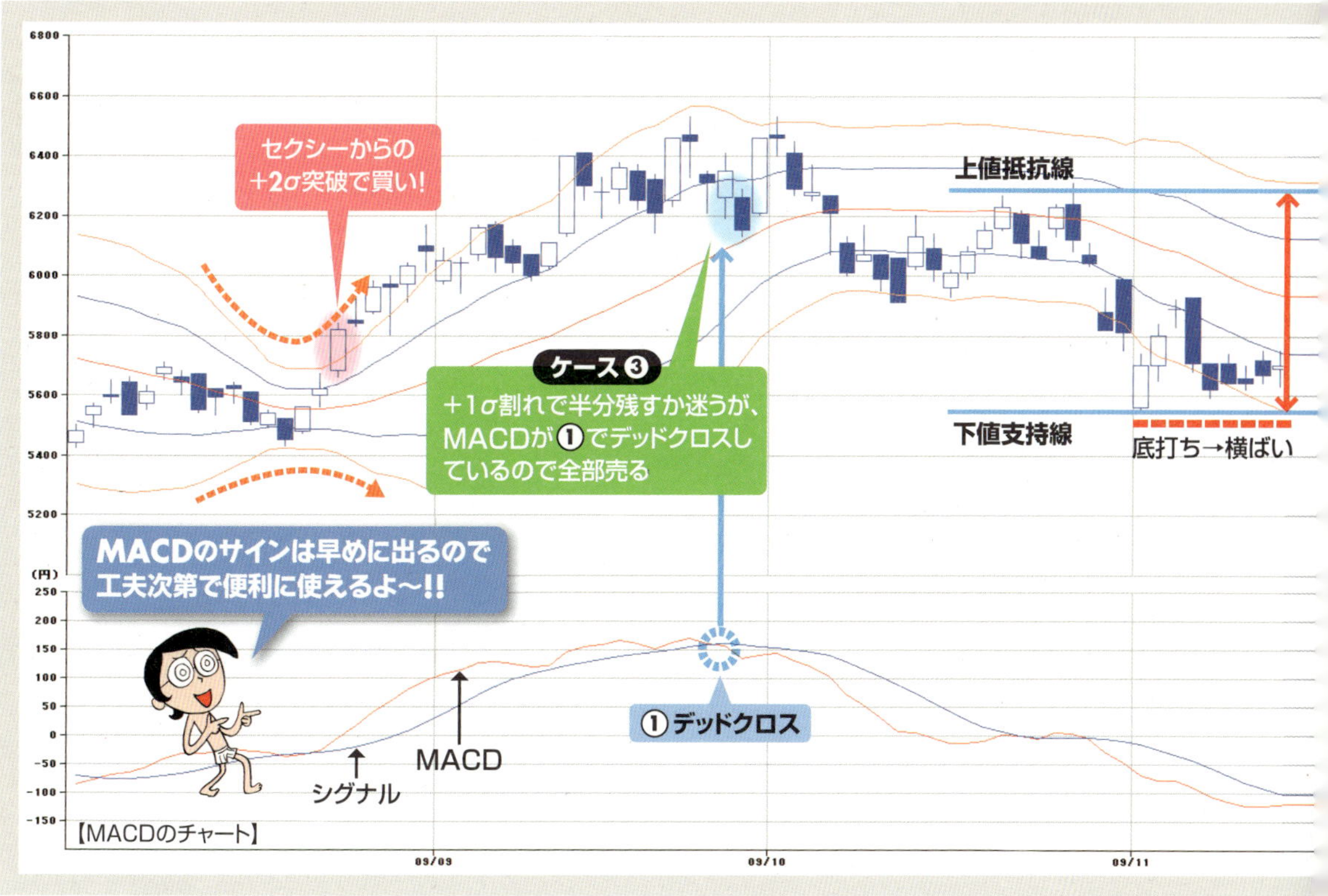
セクシーからの
+2σ突破で買い!
ケース③
+1σ割れで半分残すか迷うが、MACDが①でデッドクロスしているので全部売る
上値抵抗線
下値支持線
底打ち→横ばい
MACDのサインは早めに出るので
工夫次第で便利に使えるよ〜!!
①デッドクロス
MACD
シグナル
【MACDのチャート】
(円)
09/09
09/10
09/11

MACDはこんなケースで使う

【ケース①】　株価が底打ちし、「このまま上昇トレンドになりそうだが、ゴールデンクロスまでは待たされる」場合。MACDのサインを根拠に資金の一部で〝打診買い〟を入れます。

【ケース②】　横ばいトレンドの上値抵抗線と下値支持線、あるいは広がった状態のボリンジャーバンドの±2σ間の株価の上下を狙う場合。MACDを「トレンドが転換する根拠」として使います。

【ケース③】　セクシーボリンジャーの利益確定で「+1σを割れたところで全部売るか、25日移動平均線を割れるまで半分残しておくか」で悩んだ場合。MACDで売りサインが出ていれば全部売り、出ていなければ半分残す。

　などです。相場状況や銘柄により、効きやすい／そうでもないがあるので、検証してみてください。

用語解説 KEYWORD

MACD《まっくでぃー》

Moving Average Convergence and Divergence＝移動平均収縮拡散法の略。短期と長期のEMAの差異で売買タイミングを知る仕組みで、1970年代後半、テクニカルアナリスト、ジェラルド・アペル氏によって開発された。

EMA《いーえむえー》

Exponentially Moving Average＝指数平滑移動平均の略。通常の移動平均線は一定期間の終値の平均をとるだけだが、EMAでは日々の終値に鮮度による情報価値を加味し、より最近の終値ほど重要度が高くなるように調整して計算される。

MACDの計算式《まっくでぃーのけいさんしき》

まずEMAをP+(1−α)p2+(1−α)2p3+…÷1+(1−α)+(1−α)2+…で計算する。Pは終値、αは2／日数+1。その上で、MACD＝短期n日のEMA−長期n日のEMA、シグナル＝MACDのz日EMAで算出する。短期は12日、長期は26日、シグナルは9日が使われることが多い。

チャートに
+αで精度を
高めよう!

いつどれくらいの人が買っているかがケッコー大事!

価格帯別出来高で「しこり具合」がよく見える!

価格帯別出来高を使うと投資家心理がより読みやすくなる!

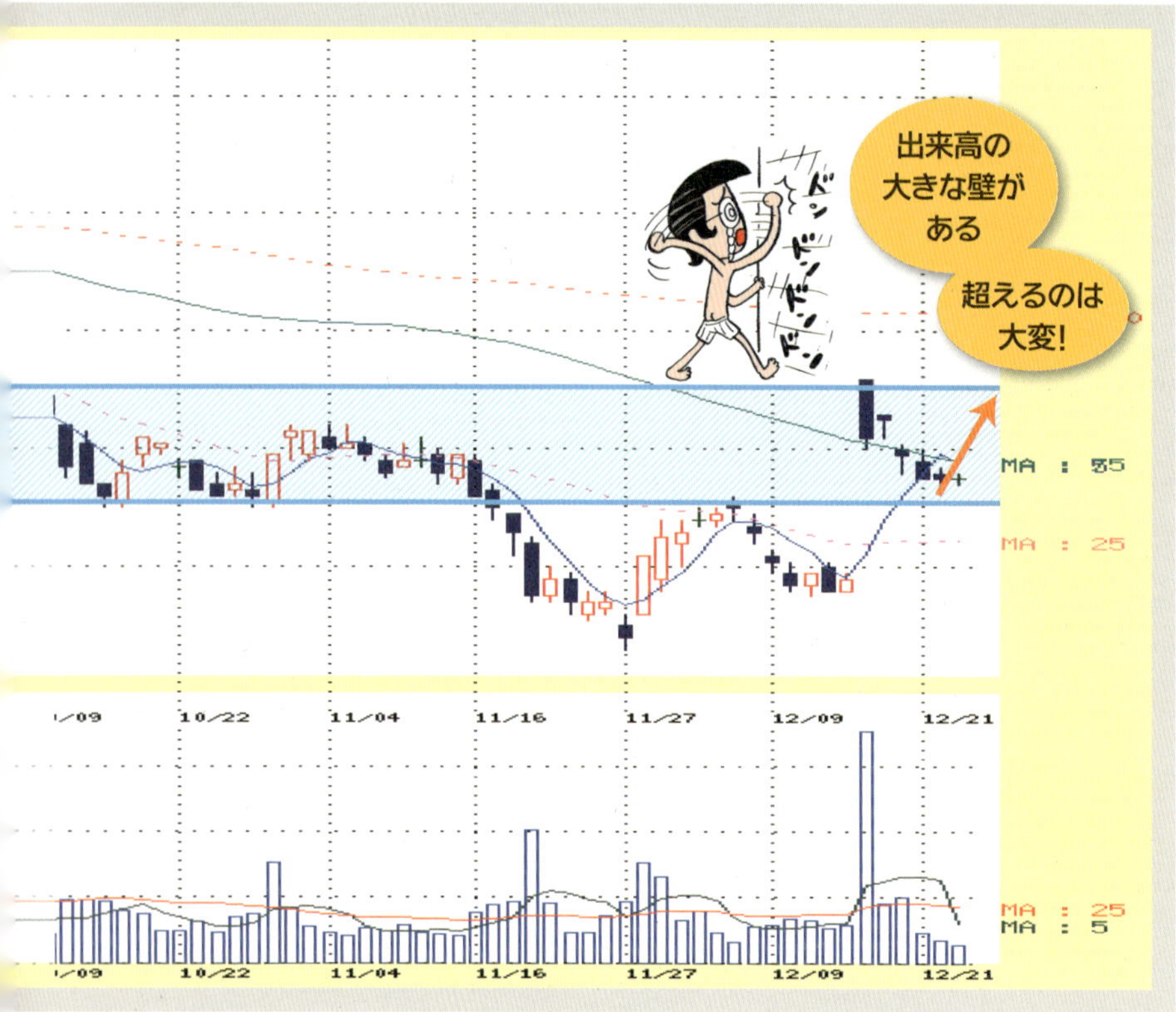
出来高の
大きな壁が
ある
超えるのは
大変!
MA : 25
MA : 25
MA : 5
10/22
11/04
11/16
11/27
12/09
12/21

いくらでどれだけ出来高があったか

チャートは株価の足跡に過ぎないのに、なぜセオリーが成立するのか⁉ それは、その株を保有している投資家の思惑(±損益)が、見て取れるからです。そして、その思惑がどれほど強いかを推し量れるのが、出来高です。

例えば、高値を付けてから現在まで、下落が続いた株の場合。途中で買った人は、みんな含み損になっています。この人たちの含み損が順次解消されるまで、この株は売り圧力に押されます。そして、含み損を抱えた人が多いところほど、その圧力は大きく、値動きは重くなります。

通常、出来高のグラフはローソク足の下にあり、「いつ、どれだけ」の取引があったのかを示しています。それに対して**「価格帯別出来高」はローソク足の横に表示され、「いくらで、どれだけ」の取引があったかを示します**。

例えば、これから株価が上昇していくと見る場合、価格帯別出来高の少ないところは比較的スムーズに上がれますが、価格帯別出来高が多いところ(しこり)には「買値に戻ったら売ろう」という人たちが待ち構えていますので、突破には大きな買いのエネルギーを要します。

消化された分は減らないので注意

売買のタイミングは移動平均線やボリンジャーバンドで決めるこ

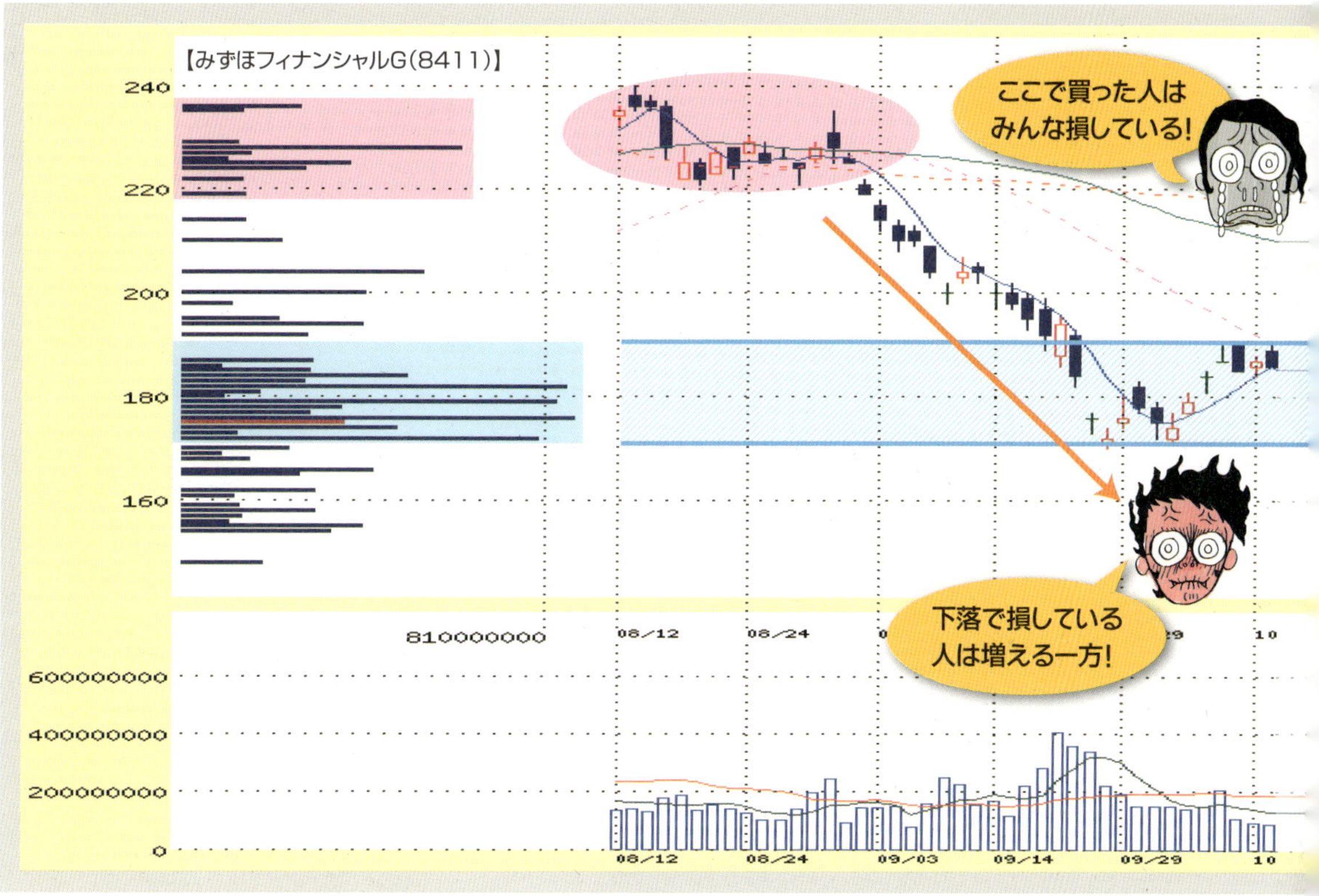
【みずほフィナンシャルG(8411)】
ここで買った人はみんな損している!
下落で損している人は増える一方!
240
220
200
180
160
810000000
600000000
400000000
200000000
0
08/12
08/24
09/03
09/14
09/29
10

とに変わりありませんが、価格帯別出来高を参考に「上昇しても、当面は大きなしこりはないので思い切って買おう」とか「すぐに売り圧力に押されそうだから、半分だけ買って様子を見よう」などの加減ができるわけです。

ただし、価格帯別出来高はローソク足1本分の出来高が、すべて終値でできたものとして表示されていますので、必ずしも正確ではありません。また、グラフは単に過去の出来高を積み上げているだけで、消化された分については考慮されていない点も知っておいてください。

ですから、**価格帯別出来高を見る時には通常の出来高グラフも合わせて表示させ「この株を高値で買った人たちは、底値で出来高が増えた日に大方損切りしただろう」など、自分なりに分析する必要があります**。価格帯別出来高は、あくまで目安として使うのがいいと思います。

用語解説 KEYWORD

出来高移動平均線《できだかいどうへいきんせん》

過去一定期間の出来高の平均値をグラフ化したもの。短期／長期の2本を表示させ、ゴールデンクロス／デッドクロスのタイミングを見る。

ボリュームレシオ《ぼりゅーむれしお》

株価の上昇時と下落時、それぞれの出来高から相場の過熱ぶりを見るオシレータ。{(n日間の株価上昇日の出来高合計＋前日比±0円の日の出来高合計)÷2}÷{(n日間の株価下落日の出来高合計＋前日比±0円の日の出来高合計)÷2}×100で計算する。

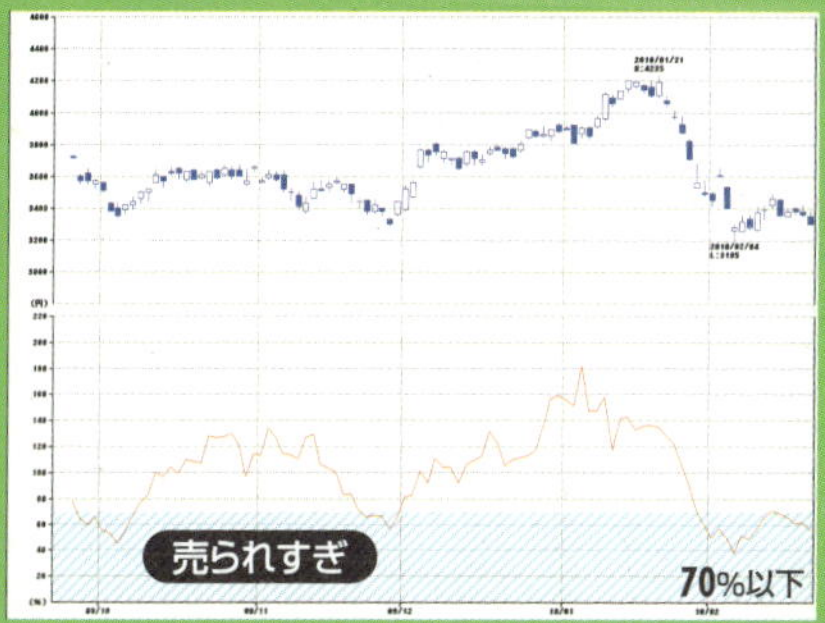
売られすぎ
70%以下

ボックス相場で役に立つ指標！

オシレータ（ストキャスやRSI）の使い方

トレンドの継続と転換を狙え！

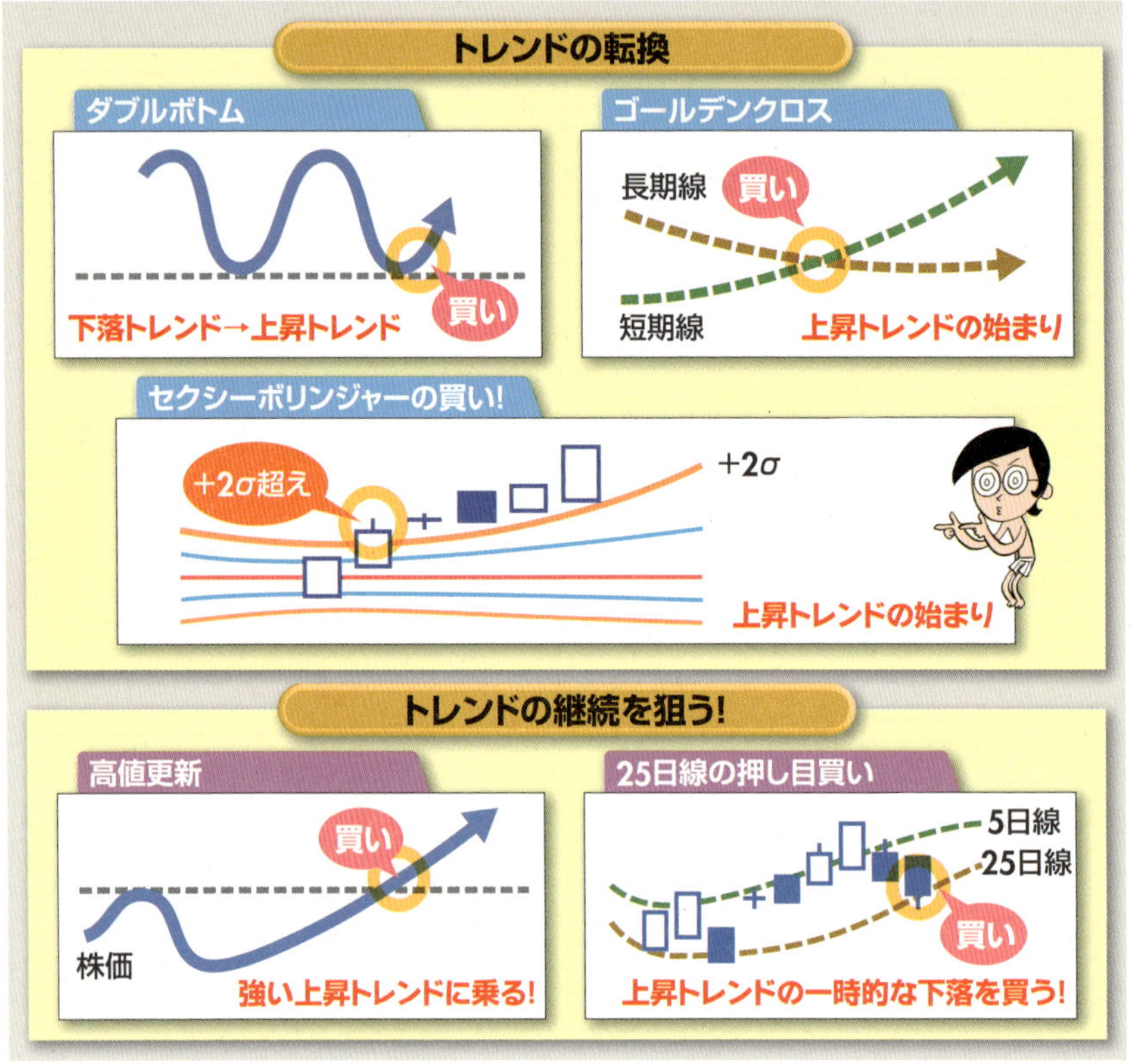
トレンドの転換
ダブルボトム
買い
下落トレンド→上昇トレンド
ゴールデンクロス
長期線
買い
短期線
上昇トレンドの始まり
セクシーボリンジャーの買い！
＋2σ超え
＋2σ
上昇トレンドの始まり
トレンドの継続を狙う！
高値更新
買い
株価
強い上昇トレンドに乗る！
25日線の押し目買い
5日線
25日線
買い
上昇トレンドの一時的な下落を買う！

RSIは相場の過熱度を見る指標

相場状況が変わらず、需給のバランス調整が安定的に行なわれる限り、トレンドは継続します。ところが、実際は相場状況はコロコロ変わり、需給はしょっちゅう偏ります。したがって、同じトレンドがずーっと続くことは、まず考えられません。

トレンドが継続すると見るか、転換すると見るかの判断で、投資戦略は変わってきます。「Wボトム」「ゴールデンクロス」「セクシーボリンジャーの買い」は**トレンドの転換**を、「新高値更新」「右肩上がり銘柄の25日移動平均線押し目買い」は**トレンドの継続**を狙った手法です。

トレンドの継続／転換には、需給のバランスが影響します。すなわち、その株が買われすぎの状態か、売られすぎの状態かが重要です。そこで使えるのが「オシレータ系」と呼ばれるチャートです。いくつか種類がありますが、ここでは**「RSI」**を紹介します。

「RSI」は、相場の過熱感を教えてくれる指標です。一定期間の値幅のうち上昇分の割合を計算したもので、右側の目盛で70％以上にあれば買われすぎ、30％以下にあれば売られすぎと判断します。

RSI単体では方向性はわからない

RSIは有名な〝逆張り指標〟で、トレンド転換の頃合いを推察するのに使われます。ですが注意

組み合わせで確率を上げよう！

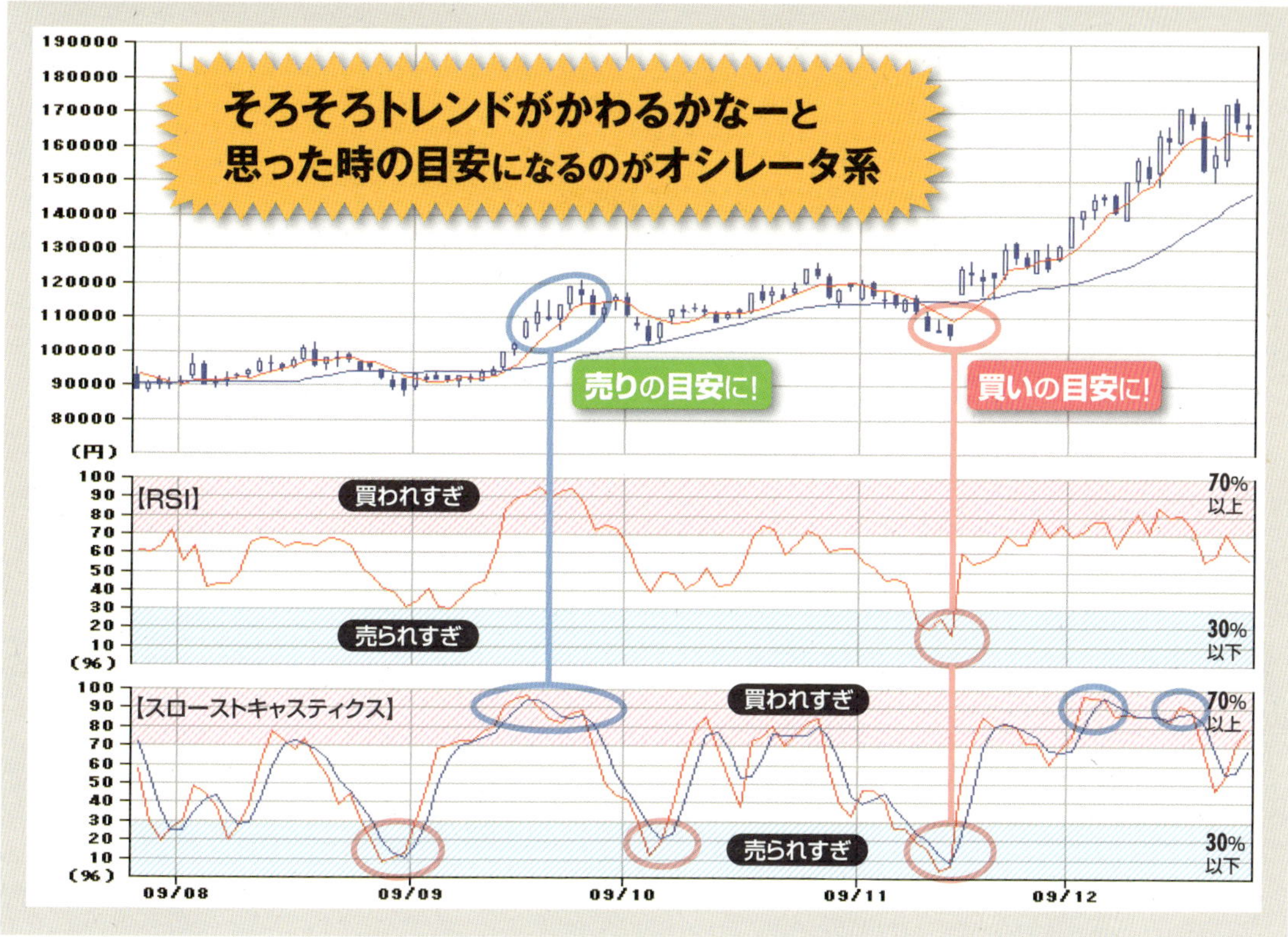

そろそろトレンドがかわるかなーと
思った時の目安になるのがオシレータ系
売りの目安に！
買いの目安に！
【RSI】
買われすぎ
売られすぎ
70％以上
30％以下
【スローストキャスティクス】
買われすぎ
売られすぎ
70％以上
30％以下
（円）
（％）
09/08
09/09
09/10
09/11
09/12

したいのは、ＲＳＩはそれ単体でトレンドがわかるものではないということです。

というのも、ＲＳＩの算出の基になるのは数日間の値幅における、上昇分の割合です。「ここ数日は上げてばかりだったので、そろそろ売りが出る頃か」といった準備はできますが、強力に買われている銘柄は、たとえＲＳＩが70％を超えていても〝さらに買われすぎて〟上げてきます。

そんなこんなで何度か痛い目にも遭って、**ＲＳＩはあくまでも投資判断に〝最後の一押し〟が欲しい時の参考に使うのがよく、**これが30％に達したから買うとか、70％に達したから売るといった直接的な決定には使わないほうがいいと学びました。

オシレータ系にはほかにも「ストキャスティクス」「ＤＭＩ」「ＲＣＩ」などがあります。個人的な好みや銘柄との相性もあるので、いろいろ試してみてください。

用語解説 KEYWORD

オシレータ《おしれーた》
相場の強弱や過熱度（買われすぎ／売られすぎ）を測る〝温度計〟のような指標。いずれも＋100から−100までの範囲（もしくは0〜100の範囲）で振幅する。

RSI《あーるえすあい》
Relative Strength Indexの略で、オシレータの代表的な指標の1つ。1970年代にウェルズ・ワイルダー氏によって開発された。n日間の上げ幅合計÷（n日間の上げ幅合計＋n日間の下げ幅合計）÷100で求める。つまり、期間内の変動のうち、上げ幅の割合を示している。

ストキャスティクス《すときゃすてぃくす》
n日間（9日が一般的）の高値／安値に対し、株価がどの位置にあるかを見る。％K＝｛（当日終値−n日間の最安値）÷（n日間の最高値−n日間の最安値）｝×100、％D＝｛（当日終値−n日間の最安値）÷（n日間の最高値−n日間の最安値）｝×100％で求める。1950年代にジョージ・レーン氏によって開発された。

チャートに
+αで精度を
高めよう!

日本生まれの人気指標！

一目均衡表は転換線の基準線超えが狙い目！

一目均衡表は判断となる線が多いので注意！

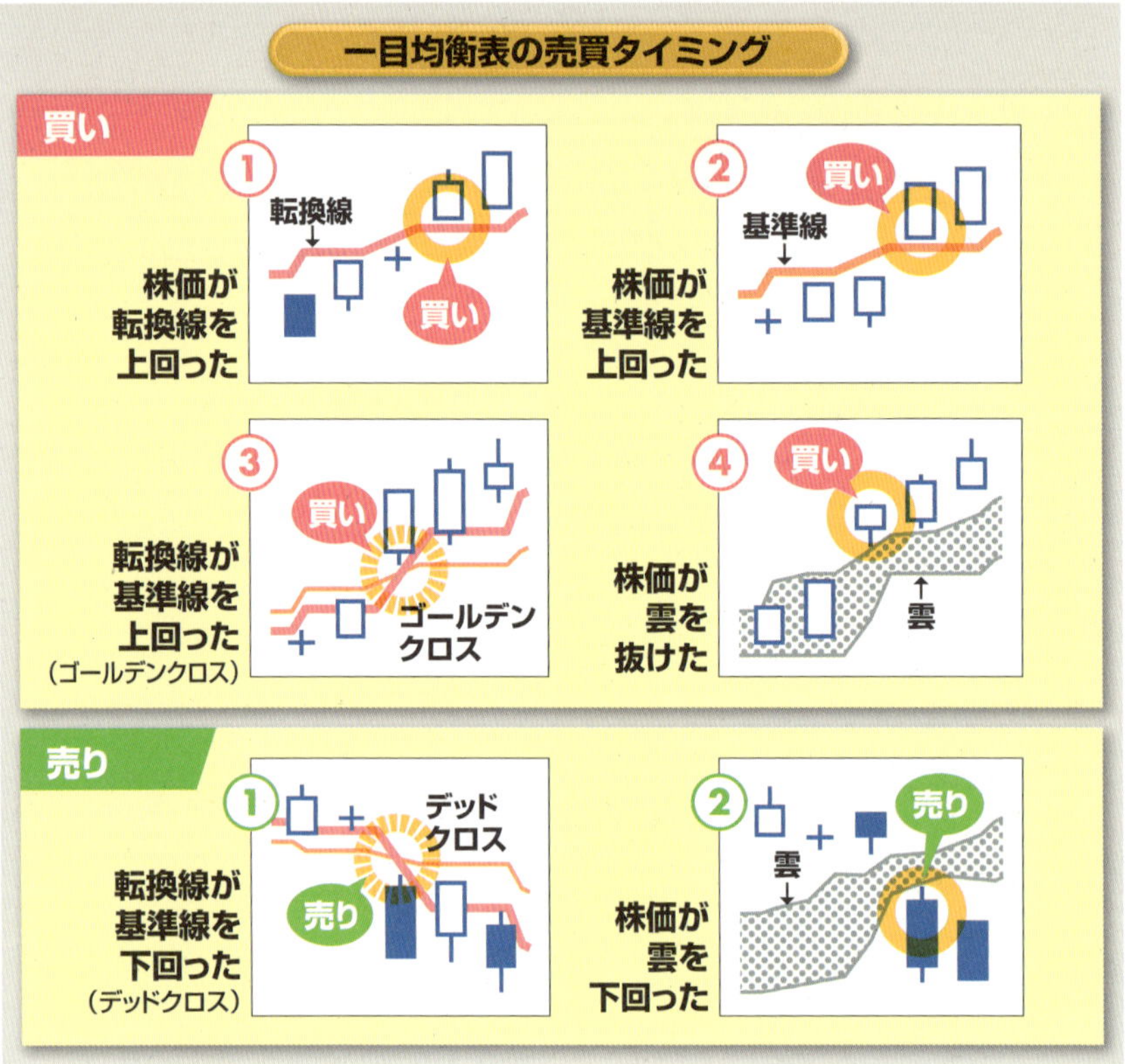
一目均衡表の売買タイミング
買い
①
転換線
買い
株価が
転換線を
上回った
②
買い
基準線
株価が
基準線を
上回った
③
買い
ゴールデン
クロス
転換線が
基準線を
上回った
（ゴールデンクロス）
④
買い
雲
株価が
雲を
抜けた
売り
①
デッド
クロス
売り
転換線が
基準線を
下回った
（デッドクロス）
②
売り
雲
株価が
雲を
下回った

一目均衡表の線と雲だけ利用する

ボリンジャーバンドを愛用する理由のひとつは、**「売買の根拠」にできる線が5本もあること**です。相場状況が不安定な時には、株価が一気に上がる可能性は少なく「まずはこの線を突破できるか見よう」「それを超えたら次はこの線だ…」というように、節目節目を確認しながら継続保有／利益確定を決めたいからです。

初めから段階を踏んだ売買をするのであれば、「一目均衡表」のほうが適しているかもしれません。これは、細田悟一氏が昭和初期に発表したもので、非常に奥の深いチャートです。

本質を理解して使いこなすには、相当な修業が必要ですが、自分の場合、線だけを使わせてもらっています。

一目均衡表には、基準線、転換線、先行スパン1、先行スパン2、遅行スパンの5本の線があります。ユニークなのは、先行スパン1と先行スパン2に挟まれた「雲」の考え方です。ここは本物の空模様と同じく、**雲の上は見通しが良く、雲の中は視界不良（警戒）、雲の下は見通しが暗い**と判断します。

例えば、株価の底打ち後の買いタイミングは、①株価が転換線を上回る、②株価が基準線を上回る、③転換線が基準線を上回る（ゴールデンクロス）の3カ所が考えられます。後から追加で買う場合は、④株価が雲を上抜けた時がいいで

使い勝手のよさそうなタイミングを見つけよう！

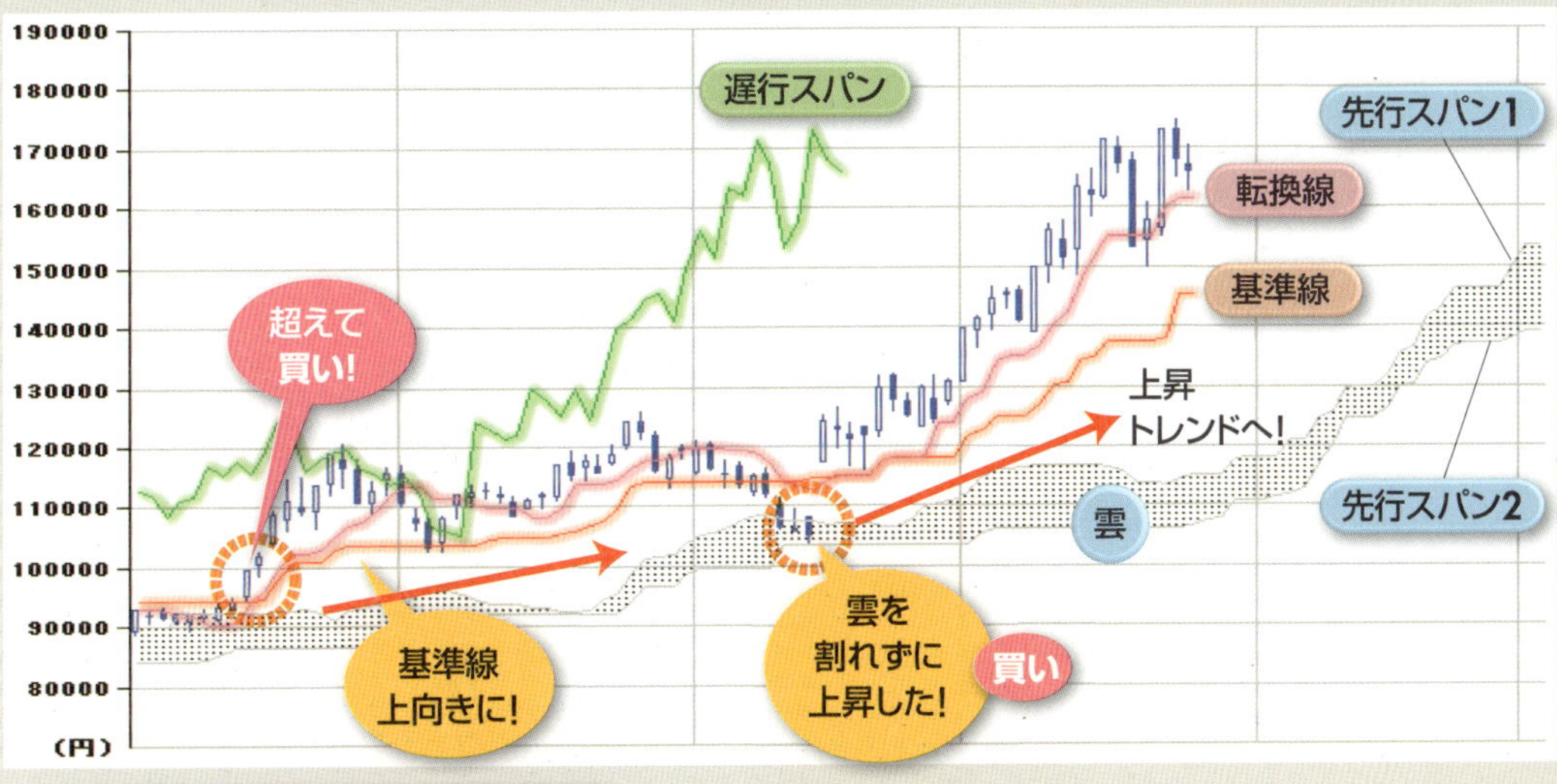

190000
180000
170000
160000
150000
140000
130000
120000
110000
100000
90000
80000
(円)
遅行スパン
先行スパン1
転換線
基準線
超えて買い!
上昇トレンドへ!
雲
先行スパン2
基準線上向きに!
雲を割れずに上昇した!
買い

5本の補助線はこう計算する！

転換線	（過去9日間の高値＋安値）÷ 2
基準線	（過去26日間の高値＋安値）÷ 2
先行スパン1	（転換線＋基準線）÷ 2 を26日先にずらす
先行スパン2	（過去32日間の高値+安値）÷ 2 を26日先にずらす
遅行スパン	終値を26日前にずらす

しょう。

段階的な売買戦略を立てるのに役立つ

利益確定のタイミングは、⑤転換線が基準線を下抜ける（デッドクロス）、⑥株価が雲の下に出るの2カ所でしょうか。利益確定の配分は、含み益の余裕に応じて決めればいいと思います。ただし、⑥の場合、雲が厚いとタイミングが遅くなってしまうので注意してください。

一目均衡表に関しては「時間」「値幅」「波動」といった、チャートで判断したい要素が一通り詰まっていますので、オシレータなどほかのチャートを組み合わせる必要はありません。

投資戦略も「今、厚い雲に入っても抜けるまでには時間がかかりそうなので、資金を抑えて様子を見よう」とか「雲が薄くなる数週間後に上抜けたら、値動きが一気に軽くなりそうだ」など、さまざまに立てられます。

用語解説 KEY WORD

一目均衡表《いちもくきんこうひょう》

都新聞（現在の東京新聞）商況部長だった細田吾一氏が、延べ2000人の人員と7年の歳月をかけて考案、1936年に発表したテクニカル指標。名称は、細田氏のペンネームであった「一目山人」（いちもくさんじん）に由来している。

三役好転《さんやくこうてん》

一目均衡表における、強力な買いシグナル。その条件は、①転換線が基準線を上回る（転換線は横ばいor上向き）、②ローソク足が雲を上抜ける、③遅行スパンが26日前の株価を上回ること。逆に、これらの条件が正反対になると「三役逆転」という強力な売りシグナルとなる。

変化日《へんかび》

一目均衡表では、9、17、26、33、42、52、65、76、129、172が「基本数値」として重視されており、相場の転換点（天井や底）から基本数値の日数を経た日に、新しい動きが出やすいとされている。値動きの周期をチャートに取り入れた点が、一目均衡表ならではのポイント。

COLUMN

PERは業績修正で前提が簡単に狂う

株価の割安さを見る「PER（株価収益率）」という指標があります。ファンダメンタルズ投資の基本で「初心者はまずPERを見ろ」と言われることもあります。でも、それほど重要なモノでしょうか？

PERは「株価÷1株当たり当期純利益」で求められます。例えば、1株当たり当期純利益が500円で、株価が1万円なら、PERは20倍です。では、PER20倍というのは、割安なのでしょうか？

「割安」というからには何かと比較しなければなりませんが、何と比較するかはその人次第です。同業他社や市場平均と比べても、米国債の長期利回りと比べてもいいのです。

こういう基準だと、投資家は自分の都合のいいように比較対象を変えていくものです。そして大抵の場合、損切りをしたくないがための自分自身への言い訳だったりもするわけです。

そもそも、PERを算定する際の根拠となる「当期純利益」には、一般に予想数値が使われます。上方修正や下方修正で、基準は簡単に揺らぐのです。個人投資家が〝会社の業績予想を予想する〟のはほぼ不可能なので、結局は決算でドタバタする羽目になります。

PBR1倍割れなら儲かるわけではない

一方、同じく基本の指標とされる「PBR（株価純資産倍率）」は、PERに比べれば信頼できます。数値は「株価÷1株当たり純資産」で求められますが、PBR1倍は理論上の解散価値と同等なので「1倍以下なら割安」という基準は明確です。

しかし、会社がリストラのために資産を売却していたら、計算の前提は狂ってしまいます（そして資産売却は決算発表時にわかることが多い）。PBRが1倍を割ったまま何年も経過した企業はザラにありますし、1倍を割れてから株価が半値以下になった例も珍しくありません。

PBR1倍割れのお宝低位株を人知れず仕込んで、吹き上がるのを気長に待つという投資法もありますが、それはそれでしっかりと勉強が必要ですし、毎月着実に利益が欲しい人には向いていません。なお、そのような投資法を勉強したい方には鮎川健さんの『目指せ10倍低位株投資ライブセミナー』（ダイヤモンド社）という本がおすすめです。

CHAPTER 5

正しく使えばこんなに便利！信用取引入門

ハッキリ言って初心者に、信用取引の敷居は高い。
身の丈以上の売買ができてしまうのは怖いが、
下落相場に買い一本で立ち向かうにも無理がある。
値動きを売買するなら買いでも売りでも同じこと！
手数料コストを安くできるメリットもあるし、
信用残の情報は需給を見る上で欠かせない。
賢く使えばこんなに便利、恐れるなかれ信用取引！

上手に使えば儲けは2倍に!?

信用取引は便利な道具 ナメず恐れず利用しよう！

信用取引は道具です。正しく使えば便利ですし、危ないことなんてありません。それを必要以上に恐ろしがるのは「指を切ると危ないから」と、包丁を使わないで料理を作るのと同じくらい、アホらしいことのように思います。

株価が下げ局面でも儲けることができる

短期投資をするなら、信用口座はあったほうが便利です。現物株の売買だけでもトレードができないわけではありませんが、いろいろな面で不利になります。

短期投資は、企業ではなく株価の動きに投資するものです。そして株価は上がったり、下がったりしています。上がる動きには現物株を買うことで投資できますが、下がる動きには「空売り（信用売り）」しか投資の手段はありません。

このことは、相場観にも影響します。投資戦略が「買い」しかないと、銘柄選びは〝上がる株〟を探すしかありません。その結果、相場状況が不利な時にも無理して「買い」で勝負して、あえなく負けてしまうのです。

「相場がいい時には上げてる株を買えばいいし、相場が悪い時には下げてる株を空売りすればいい」というニュートラルな考え方ができると、相場の流れに乗った、無理のない投資ができます。

また、安値で買えたポジションは可能な限り利益確定を粘って、含み益を膨らませていくことが大切です。節目を超えられるかどうかが微妙なところでは**「つなぎ売り」**をしておくことで、トレンド転換に対する〝保険〟をかけておくこともできます。

レバレッジが怖いなら封印すればいいだけ

「レバレッジ」を嫌って、信用取引を避けている人がたくさんいるのも知っています。

信用口座を開設すると預け入れた現金は「委託保証現金」に、保有する現物株は「代用有価証券」扱いになり、それらを担保に約3倍の「信用建余力」（株を売買できる枠）が与えられます。要は、自分の資金以上に、大きな売買ができてしまうのです。

実際、これまでも多くの投資家が、レバレッジの掛け方を失敗し、市場からの退場を余儀なくされてきました。身の丈以上のトレードは、リスクが大きいのです。

しかし、それなら**レバレッジを掛けなければいいだけの話では？**　自己資金が１００万円なら、信用買いも空売りも１００万円以上は建てなければいいのです。

信用取引を使うとトレードの幅が広がる

現物株だけだと…

下げ相場だと買えない！
ははは

信用取引もできると…

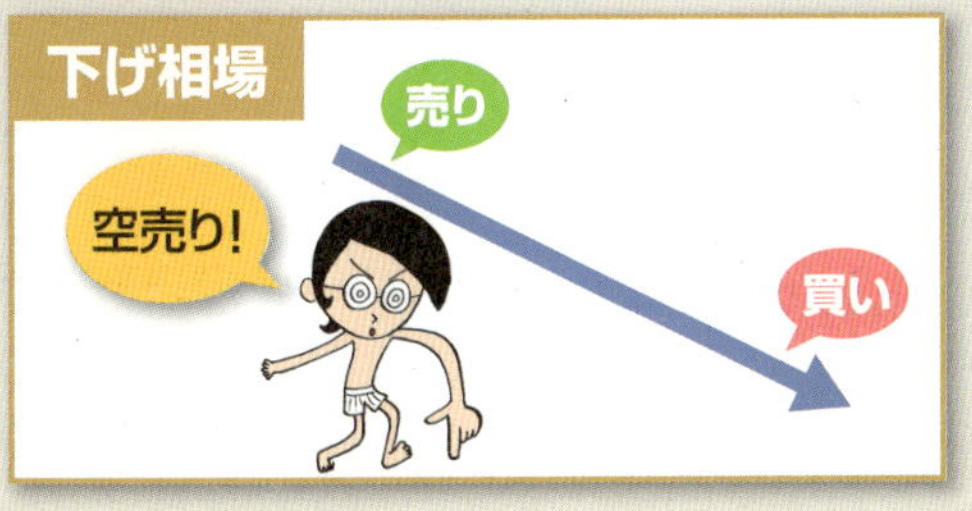
下げ相場
空売り！
売り
買い

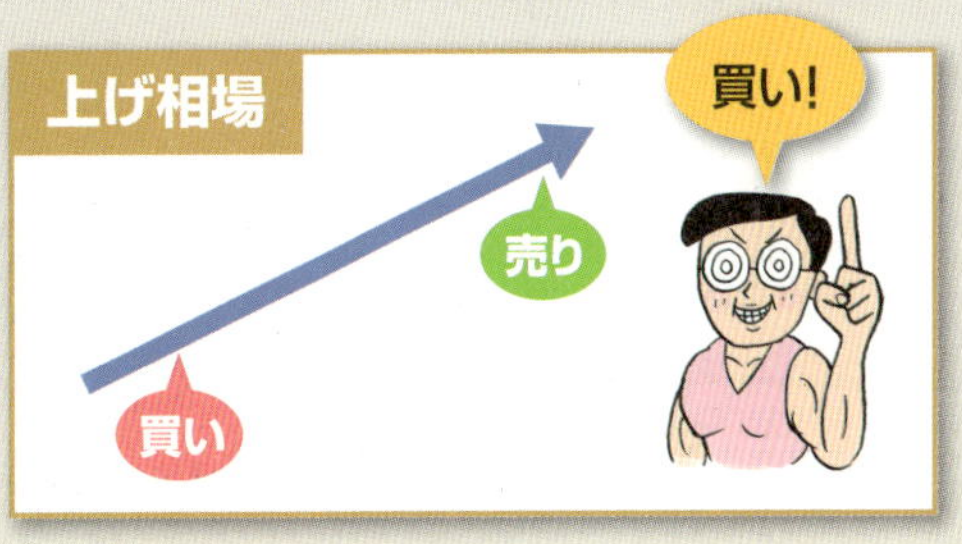
上げ相場
買い！
売り
買い

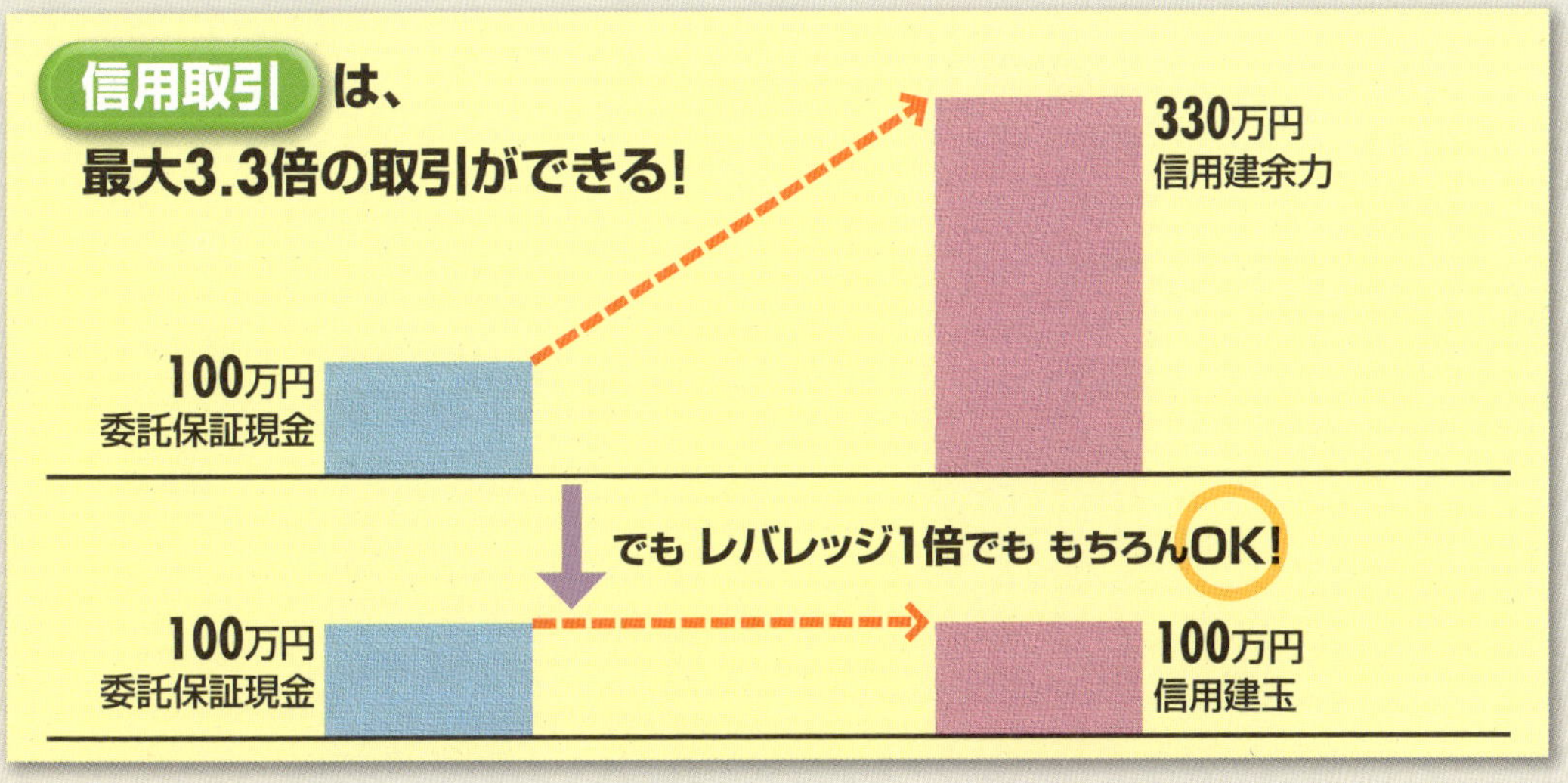
信用取引は、
最大3.3倍の取引ができる！
100万円
委託保証現金
330万円
信用建余力
でも レバレッジ1倍でも もちろんOK！
100万円
委託保証現金
100万円
信用建玉

用語解説 KEYWORD

レバレッジ《ればれっじ》

小さな力で大きな物を動かせる「てこ」のこと。手持ち資金の何倍もの額の取引ができることからきている。信用取引のレバレッジは最大3倍が普通だが、FXやCFDでは20～30倍はザラ。もちろん、レバレッジを掛けるほど、失敗した時の損失も多大になる。

代用有価証券《だいようゆうかしょうけん》

信用取引をするために証券会社に預けておく担保＝委託証拠金のうち、現金以外の有価証券（株券、債券、投信）のこと。価格が変動するため現金より担保価値は低く、時価に所定の掛目を乗じた評価となる。掛目は有価証券の種類や銘柄で異なるが、株券なら8割引程度が目安。

建玉《たてぎょく》

信用取引で買い（または空売りし）て、未決済になっている株のこと。「ポジション」ともいう。信用取引は証券会社から資金や株券を借りて売買しているので、反対の売買をして資金や株券を返済するまで〝取引終了〟とはならない。

信用取引の仕組みさえ分かればOK!
信用取引をしなくても 信用残、貸借残は必見!

上昇トレンドの息の長さを予想する

トレンドがどれくらい継続し得るかを見るのに**「信用残」**の数字が参考になります。これは、信用取引で買われている、あるいは空売りされている**〝未決済の建玉〟**のことです。

信用取引では「買い（信用買い）」と「売り（空売り＝信用売り）」ができます。信用買いは証券会社からお金を借りて株を買い、空売りは証券会社から株券を借りて売っています。

借りたものは返さないといけないので、信用買いで買われた株はいずれ売られ、空売りで売られた株はいずれ買い戻されることになります。つまり、「信用買い残」は今後売りとなって出てくる株数、「信用売り残」は今後買い戻される株数です。

例えば、上昇トレンドになっていても、信用買い残が積み上がっている場合は気を抜けません。上がっているうちはいいのですが、上昇の勢いが弱まったり下値抵抗線を割り込むと、利益確定の売りが出やすくなるからです。

逆に、**上昇トレンドにありながら、信用売り残が積み上がっている銘柄には期待が持てます。**株価が上がるほど、空売りしている投資家は損をするので「早く買い戻さなければ」という心理になります。ただでさえ順調に上昇している株は多くの投資家が欲しがるわけで、上昇トレンドはますます持続します。そのクライマックスが**「踏み上げ相場」**です。

信用倍率「1」以下は比較的安心して買える

信用残は、買い残／売り残よりもさることながら、偏り具合を見ることが重要です。どんなに買い残が多くても、それと同じ規模の売り残があれば、勢力は拮抗します。偏り具合は「信用倍率」で見ることができます。**信用買い残÷信用売り残が「1」以下なら、割と安心して買えます。**

信用残ができた時期にも注目です。大多数の投資家が利用する信用取引は、建玉の返済期限が6カ月と決められています。ですから、株価と出来高のピークが6カ月前にある銘柄は、これから大量の建玉が返済期限を迎えます。

信用買いのまま塩漬けになっていた建玉は、半ば強制的に整理され、売却されます。そうした売りが尽きて、下落が一段落すると、株価はいよいよ下げ止まり、「上昇トレンドに転換か!?」という見込みが立ちます。

信用残はこう見よう!

上昇トレンドで「買い残」が積みあがっている → 下落すると一気に下がる

上昇トレンドで「売り残」が増加 → さらなる上昇で大相場に!

信用売り残が多いまま株価上昇している銘柄はチャンス！

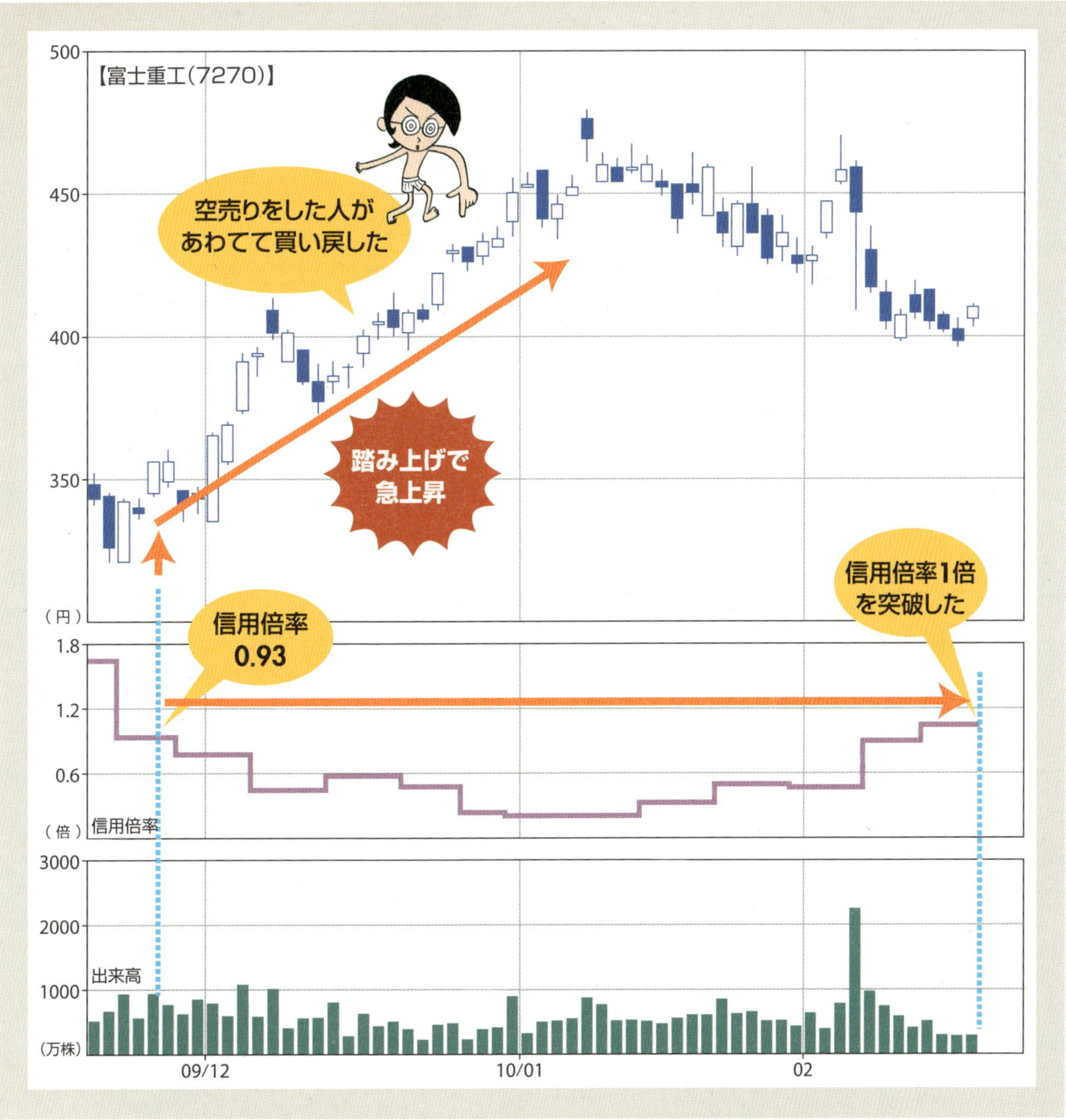
【富士重工(7270)】
空売りをした人があわてて買い戻した
踏み上げで急上昇
信用倍率 0.93
信用倍率1倍を突破した
500
450
400
350
(円)
1.8
1.2
0.6
(倍) 信用倍率
3000
2000
1000
出来高
(万株)
09/12
10/01
02

用語解説 KEYWORD

信用残《しんようざん》

正しくは「信用取引残高」という。市場で利用されている信用取引で、まだ決済の済んでいない建玉のこと。「信用買い残」と「信用売り残」がある。金曜日時点の残高を市場別／銘柄別にまとめ、火曜日に発表（市場別は速報値として）される。

貸借残・融資残《たいしゃくざん・ゆうしざん》

証券会社は自社で都合できない信用取引用の株券や資金を、証券金融会社から借り受ける。証券金融会社はこうした株券の貸出残高を「貸借残」、資金の貸出残高を「融資残」として毎営業日公表している。証券会社が独自に融資した分などは含まないが、週1回発表の信用残の変化を予測する上で参考になる。

貸借銘柄《たいしゃくめいがら》

信用買いは大半の銘柄でできるが、信用売り（空売り）ができるのは「貸借銘柄」の指定を受けたものだけ。市場に出回っている株数や流動性がない銘柄は、証券会社や証券金融会社に貸すだけの株がないため。

リスクは取らず、手数料だけ下げることもできる！

信用取引をすると手数料が安い！

信用取引のほうが売買手数料が安い

短期投資で信用取引を使うと、コスト面でのメリットもあります。多くのネット証券が、信用取引の売買手数料を、現物株のそれよりも安くしているからです。

例えば、楽天証券の場合、1回の約定ごとにかかる手数料は約定代金に応じて変わりますが、約定１００万円なら６３９円、約定２００万円なら１２０９円です。対して信用取引は、30万円までは２６２円、30万円超は約定代金にかかわらず４７２円です。

百万円単位の売買にかかる手数料にしてはどちらも安いと言えますが、短期投資は株価の動き次第で売買回数が多くなるので、毎月のトータルで見ると結構な違いが出てきます。

また、ポジションを持った直後は、値動き次第ですぐに損切りできるようにしています。手数料が安いと「せめて手数料分だけでも回収しなければ」などとセコイことを考えなくていいので、切るべき時にスパッと切れます。

ただし、信用取引は資金や株券を借りてポジションを建てることになりますから、金利／貸株料がかかります。

楽天証券の場合、買方金利が年２・８０％、貸株料は同１・１０％（２０２１年12月現在）です。約定代金１００万円の信用買いだと1日約78円、同じく１００万円の空売りだと1日約30円が、かかります。

「現引き」を活用すれば以降は金利もかからない

信用取引の割安な手数料で買っても、ほったらかしにしておくと、買い方金利がかさんでいってしまいます。そういう時には**「現引き」**か**「現渡し」**を使います。

「買い」から入る場合、まず信用取引で〝買いポジション〟を作ります。しばらくは、損切りを警戒して値動きを見守りますが、**含み益となって持ち越しを決定したところで「現引き」をします**。

「現引き」は自己資金で買いポジションを買い取って、現物株に転換することですから、以降の買方金利はかかりません。

株を売る時は、そのまま売ると現物株取引の手数料が適用されてしまいます。ですので、いったん**同株数を信用売りして空売りのポジションを作っておき、すぐに「現渡し」**（証券会社から借りた株を、自分の持ち株で返却する）**すると信用取引の手数料で手仕舞えます**。

信用取引の手数料が現物取引より安いおもな証券会社

会社名	現物手数料（100万円約定の場合）	信用取引手数料（100万円約定の場合）
SBI証券	535円	385円
岡三オンライン証券	660円	550円
auカブコム証券	535円	385円
GMOクリック証券	460円	264円
SMBC日興証券	880円	0円

片道手数料（2021年12月現在）の場合

信用取引を使うとコストも安くなる！

【楽天証券の場合】

現物株の場合

約定代金	100万円	200万円
手数料	535円	1013円

信用取引の場合

約定代金	100万円	200万円
手数料	385円	385円

ダンゼン安い！

ただし… **手数料**のほかに以下のコストがかかる！

買方金利（年率2.80%）

貸株料（年率1.10%）

手数料を安くするテクニック！

「買い」の場合

信用買い → 含み益の場合 → 「現引き」

「売り」の場合

●現物株を持っている時

同株数を「空売り」 → 「現渡し」

※2018年10月現在、超割コース（1回の取引金額で手数料が決まる）の場合。

用語解説 KEY WORD

制度信用／一般信用《せいどしんよう／いっぱんしんよう》

「制度信用」は証券取引所が主導する信用取引。対して「一般信用」は、証券会社が独自ルールで提供する信用取引だ。例えば「制度信用」では、建玉は6カ月以内に決済しなければならないが、一般信用の返済期限は3年以内など長期に設定されている（無期限の場合もある）。ただし、金利は一般信用のほうが高めに設定されている。また、貸株の調達が難しいことから、ほとんどの証券会社で一般信用は「信用買い」のみの取り扱いとなっている。

逆日歩《ぎゃくひぶ》

制度信用で空売りをする際は、証券会社から株券を借りる。証券会社はその株券を証券金融会社から調達しているが、ここで〝貸株不足〟になると証券金融会社は機関投資家などに依頼して株券を融通してもらう。この際かかるコストは信用売り建玉を持つ投資家が負担するが、これを「逆日歩」という。逆日歩は貸株不足が解消するまで発生し、金額も必要に応じて上下する。なお、その銘柄を信用買いしている投資家は、貸株料として「日歩《ひぶ》」がもらえる。

リスクを取るなら、リスクを知ろう！

信用倍率、レバレッジの掛け方を知ろう！

どこかでリスクは取らないといけない

投資におけるリスクとリターンは、必ず比例しています。当たり前ですが、なぜか多くの人が株を買う時はリターンのことばかり考えて、リスクについてはすっかり忘れてしまいます。

株式投資で取り得るリスクは、**①銘柄リスク**（倒産するかもしれない）、**②時間リスク**（遠い将来ほど先行きは不確実）、**③金額リスク**（たくさん資金を注ぎ込んで大損する）の3種類です。

短期売買の場合、その日で終わりにするので「時間リスク」はありません。そのかわり「銘柄リスク」か「金額リスク」を取りますが、危ないと思えばすぐに撤退できるので、これらはコントロールが可能です。「金額リスク」には元手がいりますが、信用取引を使えば現金や現物株を担保に約3倍の「取引枠」が借りられます。

借金で売買するのと同じことなので安易にはすすめられませんが、中途半端なところで買わないこと、失敗した際の撤退を厳守できるなら、使ってもいいと思います。「資金はあるが、定期預金やFX口座に資金が分散していて、いちいち入出金してられない」という場合にも便利でしょう。

信用取引でどれだけ売買できるかは「信用建余力」として表示されます。しかし、レバレッジに頼った売買が続くと、これを自己資金と錯覚しがちなので注意が必要です。

自己資金以上の取引は慎重の上にも慎重に！

信用取引のポジションを維持するには、常に一定以上の担保が入っていないといけません。証券会社によりますが「ポジション（含み損と諸経費分は積み増し）に対して、現金＋現物株の担保が30％以上あること」が一般的です。

気を付けないといけないのは、現物株を担保にする場合です。担保価値は「前日終値×80％」で計算されますが、日々の値動きに合わせて担保価値も変動します。信用ポジションの含み損が拡大し、現物株の担保価値も下がる〝ダブルパンチ〟で「最低保証金維持率」を割り込むと、直ちに追加保証金（追証）を迫られます。

こうした事態を避けるためにも、**①担保はなるべく現金で用意する、②信用と現物で同業種・同銘柄を買わない、③レバレッジは掛けても1・5倍まで**などの制約を自分で課すことが大事です。

レバレッジを掛けすぎると大変なことになる!!

担保が30%以上ないとダメ!

担保とは…

現　金　100%（100万円→100万円）

現物株　終値 ×80%（100万円→ 80万円）

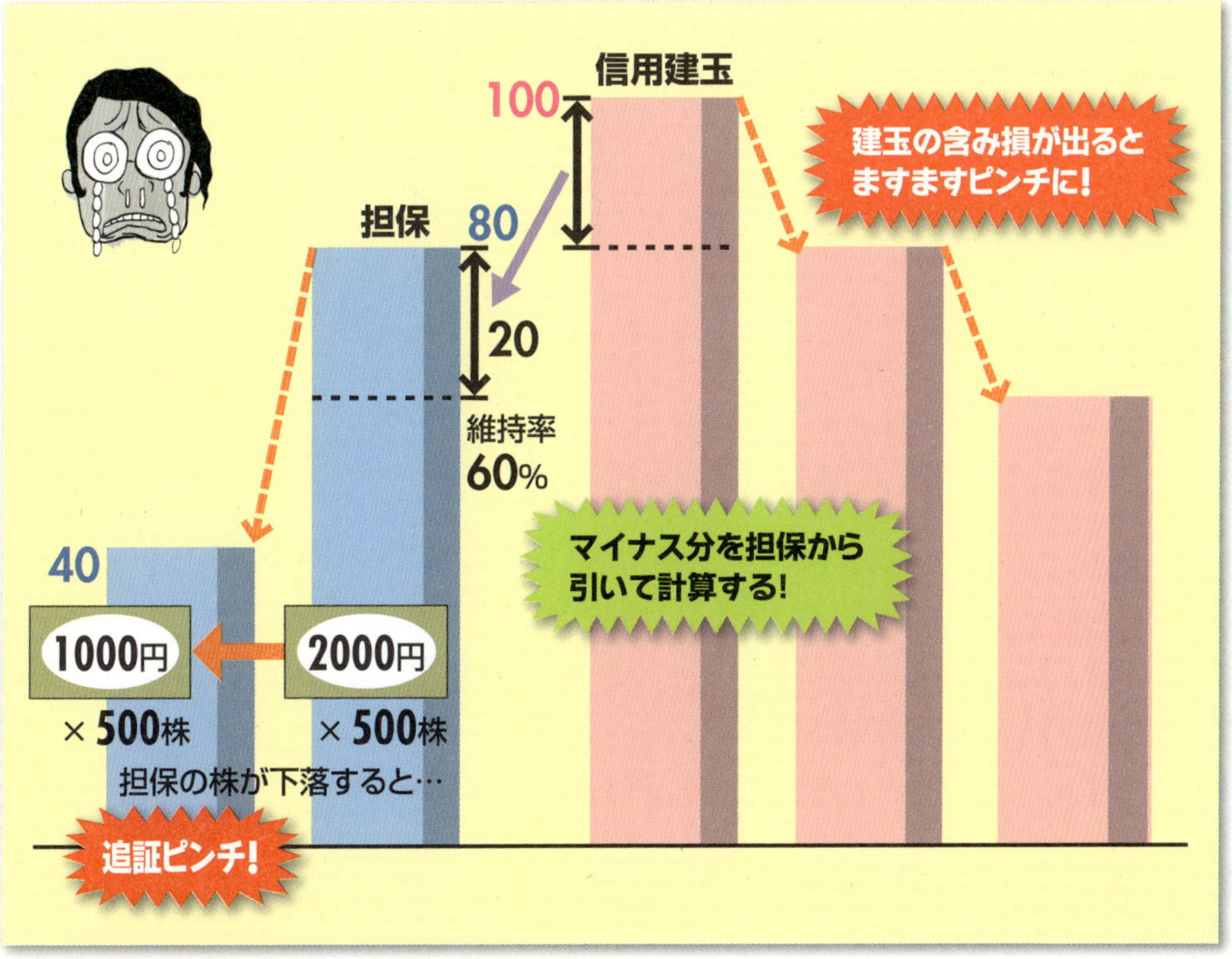

信用建玉
100
担保
80
20
維持率
60%
建玉の含み損が出ると
ますますピンチに!
マイナス分を担保から
引いて計算する!
40
1000円
2000円
× 500株
× 500株
担保の株が下落すると…
追証ピンチ!

用語解説 KEYWORD

委託保証金率《いたくほしょうきんりつ》

建玉代金の合計に対する、委託保証金の割合。（委託保証現金＋代用有価証券評価額－諸経費－建玉の含み損－未受渡の決済損）÷建玉代金合計×100%で算出する。例えば、担保に対し倍額（レバレッジ2倍）の建玉を建てている場合、委託保証金率は50%となる。

追証《おいしょう》

「追加保証金」のこと。信用取引の委託保証金率が、建玉を維持するのに必要な最低基準（維持率30%か30万円）を下回ると、追加で求められる保証金。速やかに入金しなければ強制的に反対売買され、建玉が整理される。

二階建て取引《にかいだてとりひき》

担保（代用有価証券）と同じ銘柄を、信用取引でも買うこと。その銘柄が下落すると、建玉の損失拡大を同時に食らって委託保証金率が一気に低下するため、リスクが高い。市場の状態や個別銘柄の値動き等を見て、証券会社が2階建てを制限する場合もある。

信用取引の状況から相場の過熱がわかる！

逆日歩や信用規制も参考にしよう！

信用損益率のプラ転は上昇相場終了の前触れ

チャートと出来高から、その株を保有する投資家の心理状況を推察できる――ということを、第1章で書きました。そこに、信用取引に関する各種情報を加えると、さらに詳しいことがわかります。

例えば「信用残」。買い残は〝売り予約〟売り残は〝買い予約〟ですから、これらを見れば将来どれだけの買い注文／売り注文が出てくるかがわかります。しかも、信用建玉には大抵レバレッジが掛かっていて、6ヵ月の返済期限もあります。評価損になっている側の投資家には、相当なプレッシャーがあるはずです。

建玉を維持している顧客の損益状況は**「信用評価損益率」**で分かります。**投資家というのは利益確定はすぐするくせに、損切りはなかなか実行しないので、この数値はいつもマイナスです。**

信用評価損益率がプラスになる時は、よほどのヘタクソでも儲かる絶頂期です。そんな時、新規に信用ポジションを持った投資家が平均何日で決済しているかを示す「回転日数」を見ると、5日以下だったりします。これはつまり、投資家の大半が超短期投資でしか参加していないということで、いよいよ上昇相場が終焉を迎える前触れです。

条件変更や規制発動は投資行動に影響する

信用取引では、相場が過熱して信用残高が一方に偏ると、それを修正しようとする条件・規制が出されます。

例えば、売り残が増えると**「逆日歩」**がかかります。これは、空売り用の貸出株券が足りなくなった際に、機関投資家などから株券を調達するための費用です。価格は実費で、貸株不足が解消されるまで、信用売りの建玉を持っている全員から徴収されます（信用買い建玉を持つ人には支払われます）。

さらに、証券取引所が〝信用取引の利用が過多〟と判断すれば、まず「日々公表銘柄」「特別周知銘柄」に指定して注意を喚起します。それでも収まらなければ、必要な委託保証金を引き上げる「増担保規制」を出し、最終的には「信用新規建て禁止」などの措置も講じます。

こうした条件変更や規制は、保有中の投資家の心理状況や行動に直接的な影響を与えますので、チャートによる売買の根拠を裏付ける要素のひとつになるでしょう。

信用評価損益率がプラスの時は要注意！

$$\text{信用評価損益率} = \frac{\text{評価損益額}}{\text{信用建玉残高（買建のみ）}} \times 100$$

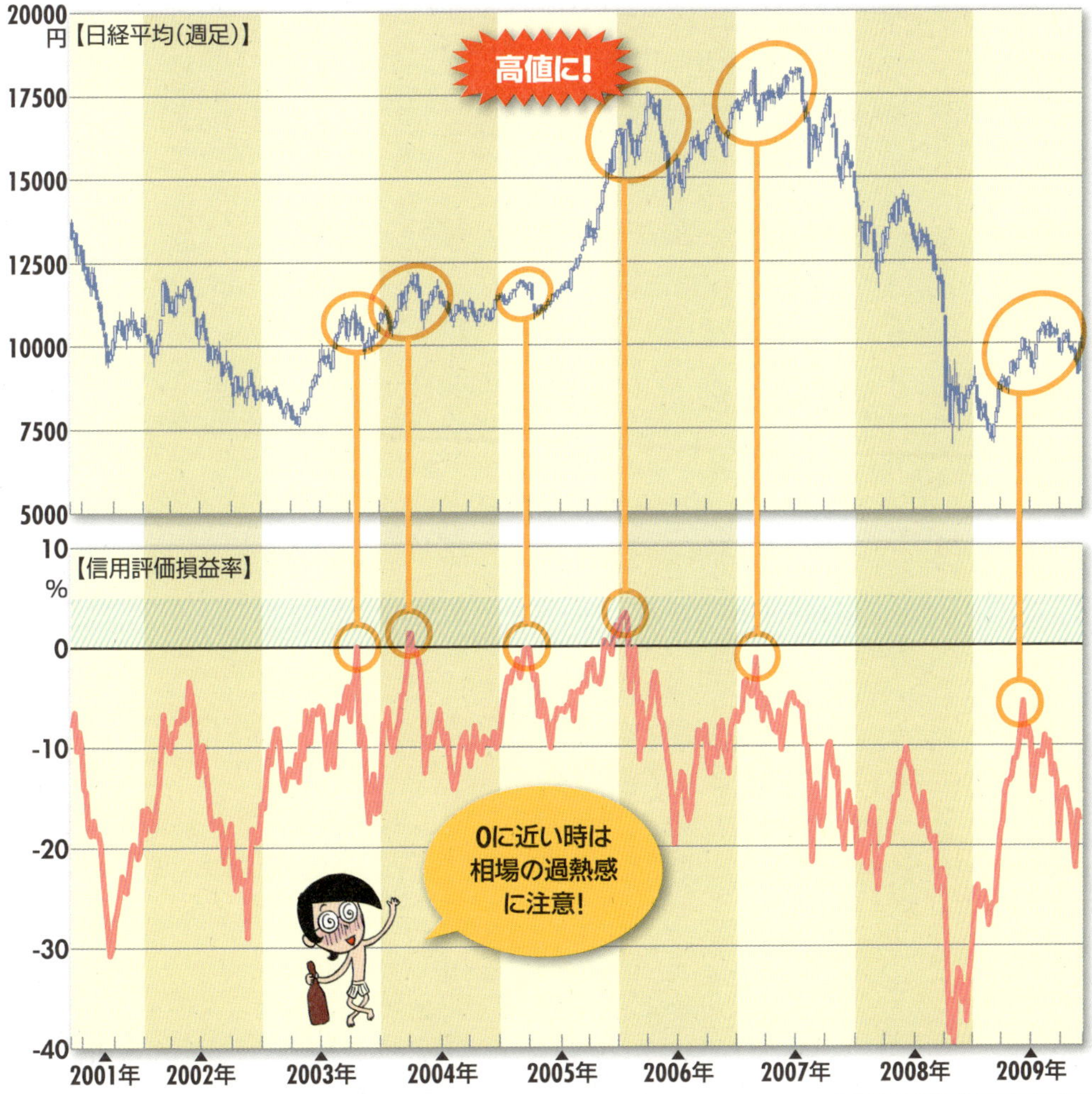

20000円
【日経平均(週足)】
17500
15000
12500
10000
7500
5000
高値に！
10
%
【信用評価損益率】
0
-10
-20
-30
-40
0に近い時は相場の過熱感に注意！
2001年
2002年
2003年
2004年
2005年
2006年
2007年
2008年
2009年

※信用評価損益率のチャートは、GC OPTICASTで無料で見られます。(http://www.opticast.co.jp/cgi-bin/tm/chart.cgi)

用語解説 KEY WORD

日々公表銘柄《ひびこうひょうめいがら》

取引所が一定のガイドラインに照らし「信用取引による売買が過熱している」と認めた銘柄について、信用残高を日々公表すること（通常は週1回）。投資家に対する注意喚起が目的で、これによっても沈静化しなかった場合、信用取引のハードルを高める規制をかけていく。

増担保規制《ましたんぽきせい》

特定銘柄の信用残高が急増し、取引所が「信用取引の利用が過度である」と認めた場合、新規に信用で取引しようとする顧客に対し、通常より高い委託保証金率を求められる（あるいは委託保証金における現金比率を高く設定される）。規制発動前の建玉には適用されない。

新規売建て禁止《しんきうりたてきんし》

ある銘柄の売買が過熱して信用売残が多くなり、増担保規制などによっても貸株の確保が困難になった場合に発動される。信用取引用の株券不足を解消するため、併せて買い建玉を手持ちの現金で買い取る「現引決済」も停止となることが多い。

COLUMN

「銘柄分散」はかえってリスクを増大させる!?

「長期保有」と並んで〝投資の基本〟と教えられるものに「銘柄分散」があります。「一つのカゴに卵を盛るな」と言うヤツです。僕はこれも「どうも嘘っぽい」と思っています。

銘柄分散が推奨されるのは、リスクを集中させないためです。複数の銘柄に投資していれば、ある銘柄が下げても他の銘柄の上げでダメージが相殺できると言うのです。なるほどと思わないでもないですが、実際のところはどうでしょうか。

リーマン・ショックでわかったように、本気で何とかしなきゃならない事態には、どれもこれもが投げ売られます。数銘柄に分けていたところで、ほとんど意味はありません。損切りに手間と時間がかかるぶん、むしろリスクは増大しているとさえ言えます。

「いろいろ買っておけば、いつかどれかは上げるでしょ?」というのが理由だとしたら、投資戦略として雑すぎます。そりゃどれかは上がるかもしれませんが、他の銘柄が下げる可能性については考えないのでしょうか。地合いに委ねる投資であれば、個別銘柄よりETFや日経225先物のほうが適しています。

本当にリスクを軽減したいなら、いい加減に数銘柄を買うのではなく、最も上昇が見込める1銘柄を、真剣に探すべきです。そしてその銘柄に注意を集中して、危うい局面がきたらキャッシュ・ポジションに戻す。これが最善のリスク回避です。

数撃ちゃ当たるは大金持ちの投資法だ！

相場では資金が多いほうが、より有利に立ち回れます。銘柄選びの自由度は増すし、回転売買のハードルも上がります。損切りだって余裕を持ってできるでしょう。資金が潤沢にあるのなら、思い付いた銘柄をとりあえず全部買ってみて、実際に上げたものだけ残し、動かなかったものは切るという「間引き作戦」もアリかもしれません。でも、ほとんどの人は限られた資金しか持っていないのです。

投資において資金は力。少ない力をさらに小分けに投入して、どんな勝負ができるでしょう!?　無駄なエネルギーを使わず、ここぞという時に最大パワーが発揮できるようにすべきです。「下手な鉄砲も数撃ちゃ当たる」は弾数を考えなくていい大金持ちの作戦であって、小銃一丁で戦わないといけない歩兵の投資法ではないと思います。

CHAPTER 6

稼げるコツは素早い損切りしぶとい利確！

含み益は早く利益を確定して減らないようにしたい、
含み損は買値に戻る可能性を信じて持っていたい。
投資家は誰もが無意識にこんな選択をしてしまうが、
その逆をやらなければ何回勝っても資金は増えない!!
損切りは速攻、利確は上昇が続く限りどこまでも…
そんな投資ができるのは売買に根拠があるからこそ。
持ち株は常時プラスが当たり前の幸せな投資家になろう！

売買に根拠がないから「損切り」ができない！
何がなんでも損切りはするべきだ！

損切りできないすべてのトレーダーたちへ

あ どうも
損切りをしなくていい…
という人はだれもいません
それなのになぜみんな損切りできないのでしょうか？
聞いてみました
今は下がってるけど
上がるかもしれないし…
トレーダーA
売らなきゃ損してないのと同じだからいいじゃん！
トレーダーB

損切りできないのは売買に根拠がないから

どの本を読んでも、どの投資家に聞いても**「損切りは絶対にすべき」**と言っています。「するべきでない」と言う人は聞いたことがありません。

にもかかわらず、これだけ口を酸っぱくして言われるということは、損切りできずに失敗する人が大勢いるということでしょう。

なぜ、損切りはできないのか。ひとつは、**買いの根拠があいまいだからです。**株を買う時は誰でも「この株は上がる」と思っています。でも、思うことと、実際そうなるかはまったくの別問題。そうならなかった時の準備がないと、損切りはなかなかできません。

その準備が〝損切りライン〟の設定です。よく「買値から1割下がったら」などといわれますが、相場では誰もあなたの買値など気にしていません。何も無いよりはマシですが、やはりチャートなどの客観的な根拠によるほうがいいと思います。

それに1割というのは、実際に減らしてみると結構堪えます。損切りは傷の浅いうちにやるものなのに、実際にやられてみたら予想以上にダメージが大きかったというのでは、次の投資行動に悪影響を及ぼします。

損切りできないなら「交換」しよう！

損切りができないもうひとつの理由は、「株は売らない限り、い

「みんな「失敗した」って認めるのが嫌なんですね
でもそれは現実逃避です
塩漬けを持っているなら一旦全部売りましょう！
あとはたのむ～
「損切り」だけじゃ嫌ならより上がりそうな株に「交換」しましょう！
これで自分に言い訳できますか？
とにかく塩漬けは絶対にダメです！

つかは戻る可能性がある」という希望にすがっているからではないでしょうか。でもそれは**〝現実逃避〟**でしかありません。株の資産価値は、現在の評価額がすべてです。当たり前ですけど。

もし、塩漬けになっている銘柄に愛着を感じているなら、3日後に買い戻す前提で、**いったん全部売ってみましょう**。冷静になってなお買い戻したいと思うなら、その愛は本物です（でも、ほとんどの人が二度と買い戻さないと思います）。

どうしても「損切り」がイヤなら「交換」はどうでしょう。持ち株の全部を一気に売って、その売却資金の全額で、より上がる見込みのある別の銘柄に乗り換えるのです。

結局は損切りと同じことですが「これは損切りじゃない、交換なのだ!!」言い張ると、すんなり売れちゃう人が実際にいるのです。切るも切らぬも、つまりは〝気持ち次第〟なんですね。

用語解説 KEY WORD

損切り《そんぎり》

損失の拡大を防ぐため、あるいはより有望な投資対象に乗り換えるために、含み損になっている現物株や建玉を売る（空売りの場合は買い戻す）こと。「ロスカット」とも言う。

見切り千両・損切り万両《みきりせんりょう・そんぎりまんりょう》

相場の格言。誰しも株を買う時は「この株は上がる」と見込んで買うものだが、思惑が外れてすぐに諦められれば千両の価値がある。判断が遅れて売るに売れなくなったとしてもなお、損切りすることには万両の価値がある、ということ。

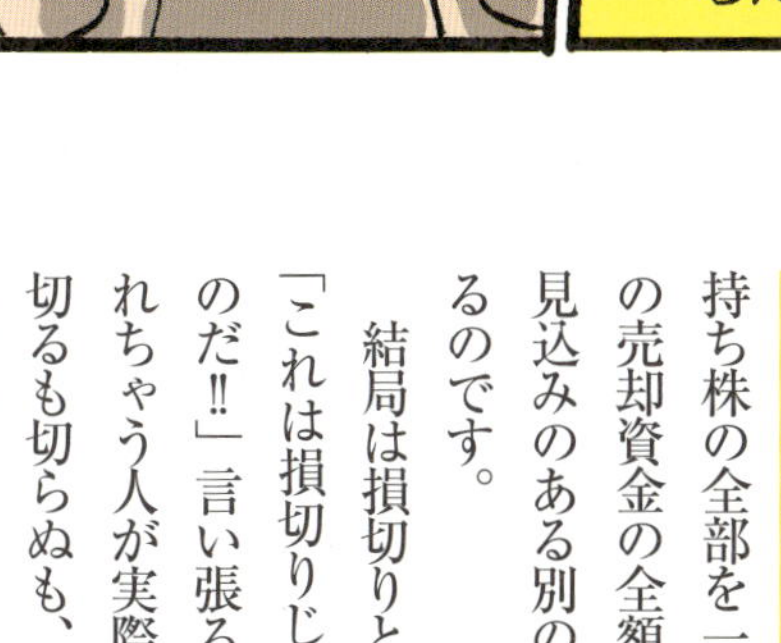
飲めば飲むほど（気だけ）強くなる
秘技・損切酔拳!!
アタタタタタ
全部投げてやるぅ～
バシバシバシバシ

買い戻すくらいなら、「つなぎ売り」というやり方も
つなぎ売りで含み益を大切にしよう！

一時的な下げで手放してしまうのはもったいない

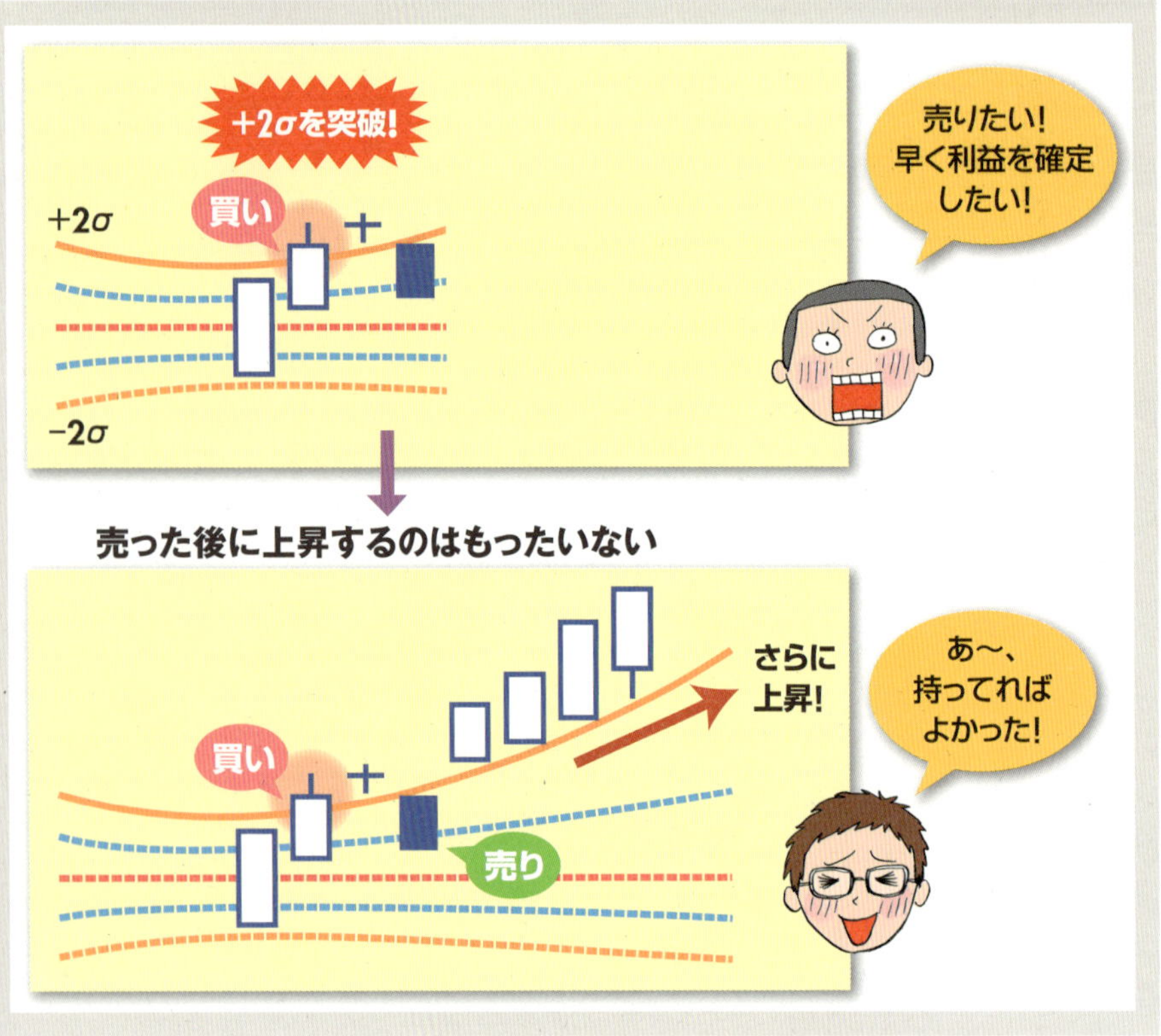
+2σを突破！
+2σ
買い
−2σ
売りたい！
早く利益を確定したい！
売った後に上昇するのはもったいない
買い
売り
さらに上昇！
あ〜、
持ってれば
よかった！

安く仕込めた持ち株は安売りしてはいけない

買った直後から思惑どおりに株価が上がり、上昇トレンドに乗れたら、もう怖いものはありません。あとは含み益を大きく育ててゆきましょう。

警戒しなければいけないのは「含み益を早く確実に手にしたい。株価が下がるかもしれない不安から解放されたい！」と、**利益確定をはやる気持ち**です。投資家の心理は「将来の大きな利益より、目先の確実な利益」を選ぶようにできています。

もちろん、利益確定は悪いことではありません。が、自分の売った株が、そのあとぐんぐん上がり続けたら悔しいでしょう。「あのまま売らないで持っとけば、もっと儲けられたのに…」と後悔するはずです。

「これは自分が売った株じゃない…。節目を突破して上昇の条件が整った別の株だ！」と信じ込んで、買い直せばいいのかもしれません。

しかし、それはまた、損切りと背中合わせのふり出しからやり直すことを意味します。含み益というせっかく掴んだアドバンテージを簡単に手離してしまうのは、もったいないのです。

それに、普通の投資家は自分が売った株を、それより高い価格で買い戻すことを、すんなりとは受け入れられません。それでもガンガン上昇する勢いに負けて買い戻すと、そこがまんまと天井だったりするのです。

「つなぎ売り」を使えば安い買い値を"お取り置き"できる！

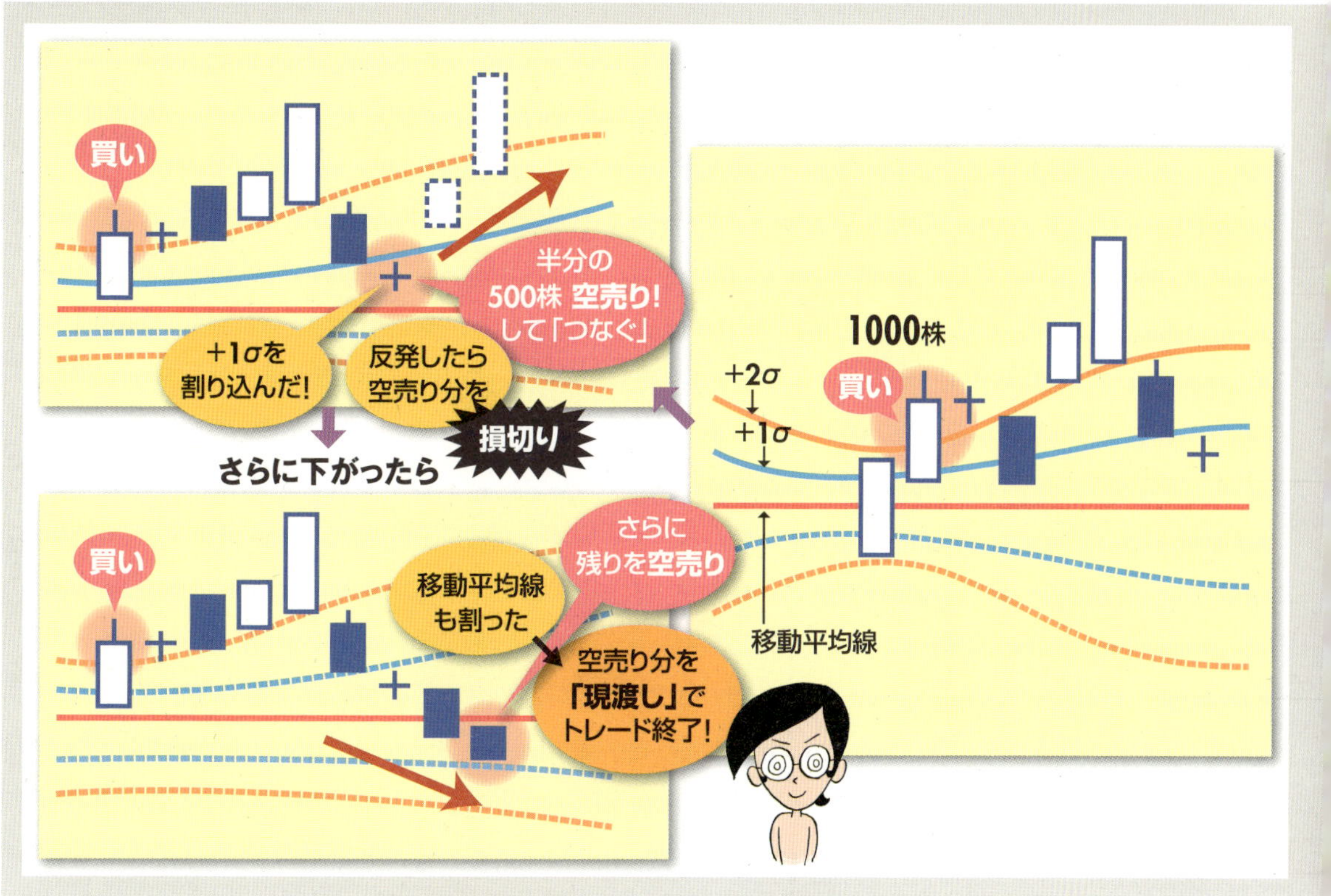

安い買値をとりあえずキープ

　とはいえ、高くなったところで売るのは投資の基本。せっかくの売りチャンスを逃してしまったら、それはそれで悔やまれます。そこで、明らかに株価が下げそうな局面では、持ち株はそのままに同じ株数を空売りする**「つなぎ売り」**で様子を見てはどうでしょう。

　例えば、拡大するボリンジャーバンド＋2σに沿って、上昇トレンドが継続した場合。**株価が＋1σを割り込んだら、持ち株の半分にあたる株数を空売りします。反発して再び＋2σへ向かったら、建玉は損切りします。**

　そのまま株価が下落して、25日移動平均線を割り込んだら、残り半分にあたる株数も空売りします。反発して＋1σへ向かったら損切りですが、25日移動平均線を割って、下げトレンドに転換したら「現渡し」で終了します。

用語解説 KEYWORD

つなぎ売り《つなぎうり》
　現物株で保有しているのと同銘柄を、信用取引で空売りすること。その時点での含み益を"仮確定"させる効果がある。損益上は"現物株利益確定→買い直し"と同じことだが、買付価格を安いままキープできるという心理面でのメリットが大きい。

ヘッジ売り《へっじうり》
　ヘッジとは「リスクを回避する」という意味の金融用語。現物株の値下がりを株式先物の売りで相殺するなど。効果は「つなぎ売り」と同じだが、空売りできない銘柄の対処や、海外市場でほぼ24時間取引できることなどから、特に機関投資家は先物売買でのリスク軽減を用いる。

ドテン売り《どてんうり》
　銘柄に対する見方を180度転換し、それまで買っていた株を売って、さらに空売りをかけること。思い入れを捨てて、冷静に天井を見極める目が必要。反対に売り越していた銘柄で、買いに転じることを「ドテン買い」という。

トレードするにも時期がある! こんな時は避けよう!
チキン危うきに近寄らず——決算期は持ち越さない

決算発表前の売買は要注意！

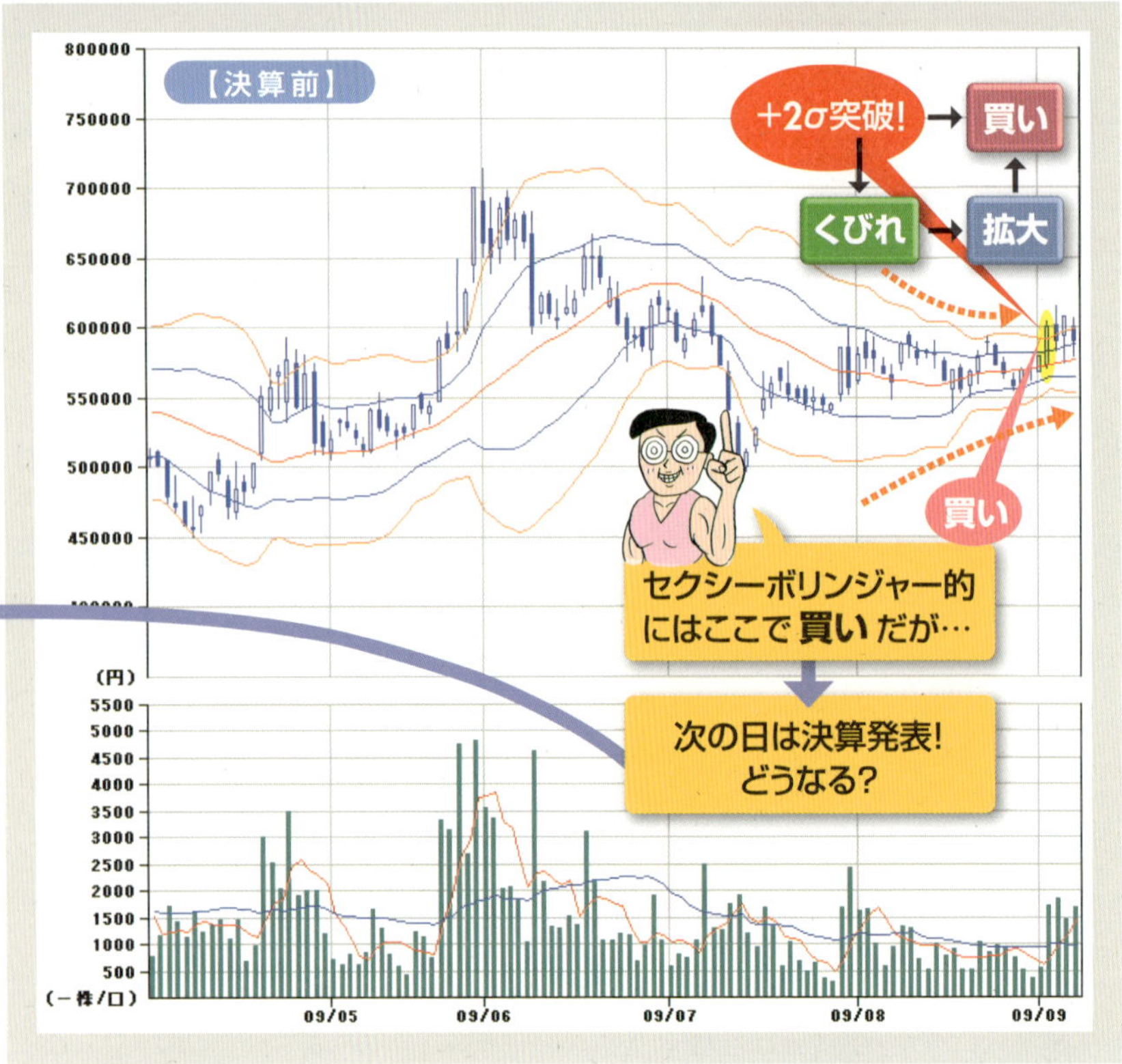
【決算前】
+2σ突破!
買い
くびれ
拡大
買い
セクシーボリンジャー的にはここで買いだが…
次の日は決算発表! どうなる?
800000
750000
700000
650000
600000
550000
500000
450000
(円)
5500
5000
4500
4000
3500
3000
2500
2000
1500
1000
500
(一株/口)
09/05
09/06
09/07
09/08
09/09

決算発表の直後はセオリーが効かない!?

チャートは株価の足跡です。その方向や歩幅から先行きを予測することはできても、チャートが値動き先動することはあり得ません。たとえどんなにチャートが強力な買いサインを示していても、とんでもない不祥事が出た翌日には、やっぱり株価は下がります。つまり、**チャートは「強い材料」には勝てないのです**。

決算発表も間違いなく株価に影響を及ぼし得る材料ではあるのですが、悩ましいのは必ずしも**「好決算だから株価が上がる」とは限らない**ところです。決算発表があるのは何カ月も前からわかっていることであり、その内容もどこかから漏れていたりして、知ってる人は知っています。

なので、良い決算が出た途端に「好材料出尽くし」で下げることもあれば、決算は最悪だったのに「悪材料出尽くし」で猛然と買われることもあります。ただでさえチャートのセオリーが通用しにくい時期にあって、こうした動きがあると判断に迷います。

決算内容とその前後の値動きにもある程度「傾向と対策」があるので、研究すればそれなりに予測が立てられるようにはなります。ですが、それはあくまでファンダメンタルズ投資の戦略です。**ファンダメンタルズを根拠にした売買と、チャートを根拠にした売買は、混ぜるとロクなことがないので注意してください**。

決算内容次第でとんでもないトレンド転換も！

【決算後】
800000
750000
700000
650000
600000
550000
500000
450000
400000
(円)
買い
決算発表!
決算で業績不振が明らかになり、株価は一日で大暴落!
決算日は避けよう!
7000
6000
5000
4000
3000
2000
1000
(一株/口)
09/05
09/06
09/07
09/08
09/09

含み益が少しなら利益確定が無難かも

では、チャートを根拠に売買している場合はどうするかですが、状況やポジションによりけりです。

決算前は、思惑が絡んだ値動きになっています。好決算期待で上昇トレンドを描いていたのに、発表翌日から急落なんてこともあり得ます。すでに十分な含み益があるなら別ですが数日下落したら吹き飛ぶ程度の含み益なら、**発表日に手仕舞っておいたほうが無難かもしれません**。

決算後に買う場合は、いつもどおりチャートの根拠に従った売買で問題ありません。ただし、決算を材料視した買いとチャートの買いサインが重なった場合、相乗効果でかなり高値からスタートする可能性があります。どの程度までなら飛び付くか、あるいは落ち着くのを待ってから買うのかは、あらかじめ決めておきましょう。

用語解説 KEYWORD

決算発表《けっさんはっぴょう》

企業は年1回「決算発表（本決算）」で、1年間のビジネスの成果と、翌年度の見通し（業績予想）を報告する。発表の時期はその企業が何月を決算月としているかで異なる。日本では3月が決算月の企業が多く、その場合、3月までの成果を集計して5月中旬頃に発表となる。

四半期決算《しはんきけっさん》

本決算で企業はその年度の業績予想を発表するが、3カ月ごとに途中経過を「四半期決算」で報告する。業績予想は企業が「今年はこれぐらい稼ぎます」と示した目標であり、株主と交わした約束でもあるので、これがきちんと守られるかどうかは株価に大きく影響する。

業績予想の修正《ぎょうせきよそうのしゅうせい》

企業は業績の見通しが大きく変わった場合、速やかにその旨を報告しなければならない。予想よりも売上げや利益が上回る場合は「上方修正」、下回る場合は「下方修正」と言い、決算発表直前や四半期決算のタイミングで発表されることが多い。

手堅く値上がりが狙えるのはこんな株！

人気の株主優待は2カ月前から監視しよう！

株主優待が人気の銘柄は権利確定日に向け上がる

株主優待には根強い人気がありますが、個人的には全く興味がありません。優待品のほとんどは、お金を出せば普通に買えます。しかも、目ぼしい優待のある銘柄ほど、権利確定日の翌日以降に売られる傾向にあり、その下落分でラクラク優待品が買えてしまうからです。

しかし、**いくつかの銘柄では株主優待が、株価を動かす要因になっています**。特に、優待品が人気で、個人投資家の株主比率が高い銘柄で、その傾向は顕著です。

例えば、イオン（８２６７）、オリエンタルランド（４６６１）、コロワイド（７６１６）、テンポスホールディングス（２７５１）、日本マクドナルドＨＤ（２７０２）などが、その代表格です。

一方で、全日空（９２０２）は、優待自体は人気ですが、機関投資家の持ち株比率が高いためか、あからさまに優待目当てに株価が動くということは少ないようです。

優待品はもらわずに利益確定を優先させる

さて、優待目当てで買われる銘柄は、**権利確定日の2カ月くらい前から注目していると、どこかで上がり始めます**。実際に買うタイミングはチャートを根拠にしますが、あらかじめ監視すべき銘柄とおおよその時期がわかっているのは助かります。

優待がいい銘柄は上がりやすい！

確定月に向けて、株価が上昇しやすい優待銘柄

確定月	コード	銘柄名	主な優待内容
2月	8267	イオン	株主優待カード（買い物3%キャッシュバックなど）※9月末にもあり
3月	4661	オリエンタルランド	株主用パスポート（400株以上で9月にも進呈あり）
	8591	オリックス	ふるさと優待（カタログから選ぶ特選ギフト）※9月末は自社グループ各種サービス優待
	9433	KDDI	全国47都道府県の選りすぐりグルメなど
	7616	コロワイド	株主優待ポイント※9月末にもあり
4月	2751	テンポスHD	優待食事割引券
6月	2702	日本マクドナルドHD	食事優待券
	3197	すかいらーくHD	株主優待カード※12月末にもあり
12月	3003	ヒューリック	グルメカタログギフト
	2914	日本たばこ産業	自社グループ商品など

2021年12月現在

2カ月前くらいから上昇する！

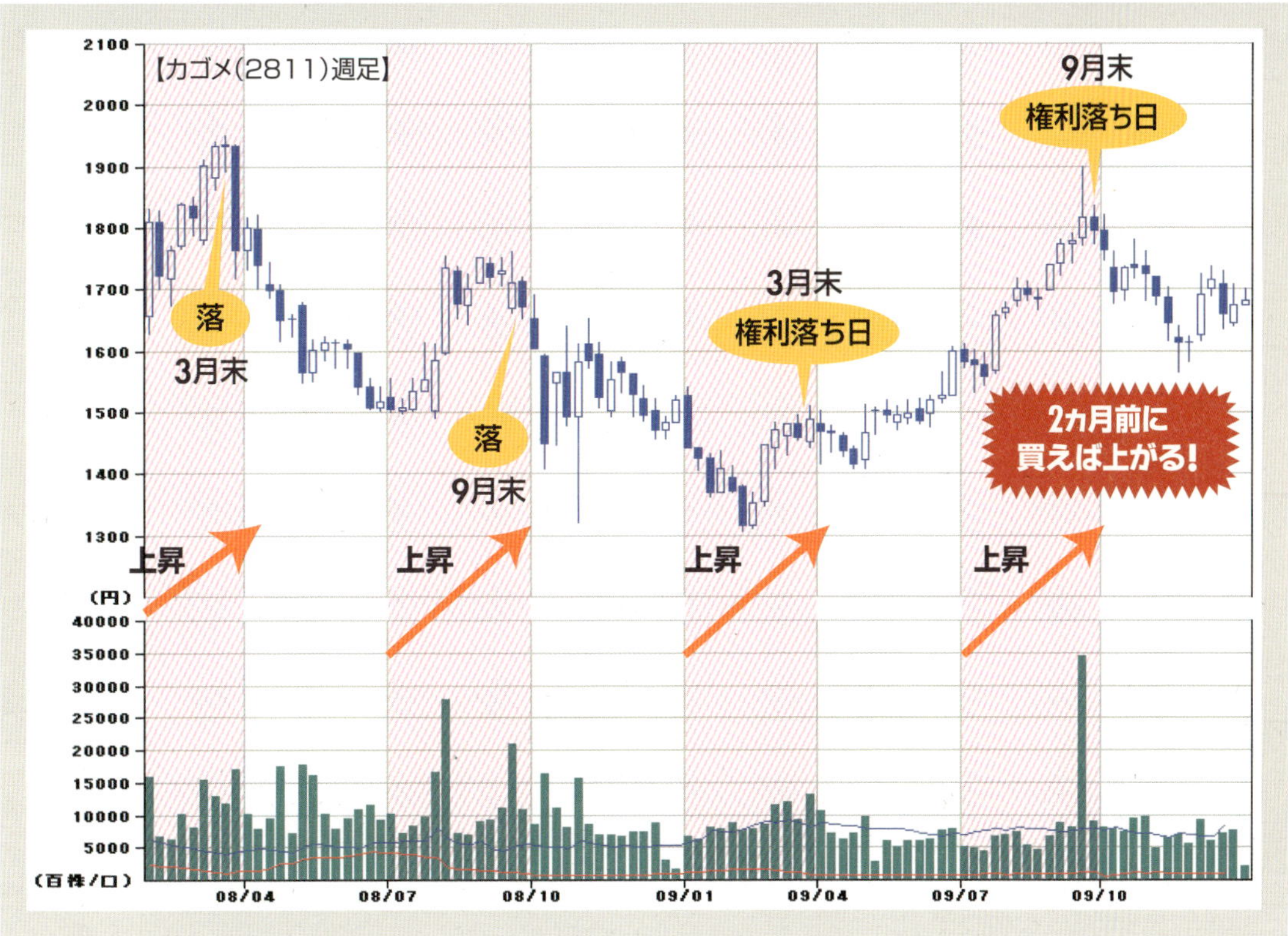
【カゴメ(2811)週足】
2100
2000
1900
1800
1700
1600
1500
1400
1300
(円)
落
3月末
落
9月末
3月末
権利落ち日
9月末
権利落ち日
2カ月前に
買えば上がる！
上昇
上昇
上昇
上昇
40000
35000
30000
25000
20000
15000
10000
5000
(百株/口)
08/04
08/07
08/10
09/01
09/04
09/07
09/10

保有した株は、**権利確定日前に売り抜けます**。確定日を過ぎると「優待の権利を取ったからもういらん」という人たちの売りが出るからです。

この下落は規定路線なので、あらかじめ空売りを仕掛ける人もいます。現物買いと空売りを同じ株数持てば、現物で損失が出ても空売りの利益で相殺され、ほぼノーリスクで優待品がもらえるというわけです。

しかし、この方法はすでにかなり陳腐化しているので、権利確定日より前に株価が下がり始める「フライング売り」を誘発するばかりか、しばしば貸株不足による「逆日歩」を発生させています。特に、貸株の絶対数が少ない大証銘柄で、その傾向は顕著です。

権利確定日以降に下がる可能性が高いとはいえ、どこまで下がるかの見込みもありません。踏み上げも怖いので、この作戦は買いだけにしておいたほうが無難です。

用語解説 KEYWORD

株主優待《かぶぬしゆうたい》

企業が株主に贈る「お中元・お歳暮」のようなもので、日本独自のシステム。もともとは企業が自社の商品やサービスを株主に知ってもらい、長期保有につなげてもらおうという意図だったが、最近はギフト券やおこめ券など、その企業のビジネスとは無関係の優待品もある。

権利落ち日《けんりおちび》

株主優待は「権利確定日」の株主名簿に名前が記載されている株主に贈られる。名簿に記載されるには、権利確定日の3営業日前（権利付き最終日）に株を持っている必要がある。権利が取れた翌日の「権利落ち日」は、優待だけが目当てだった株主が売るので下落しやすい。

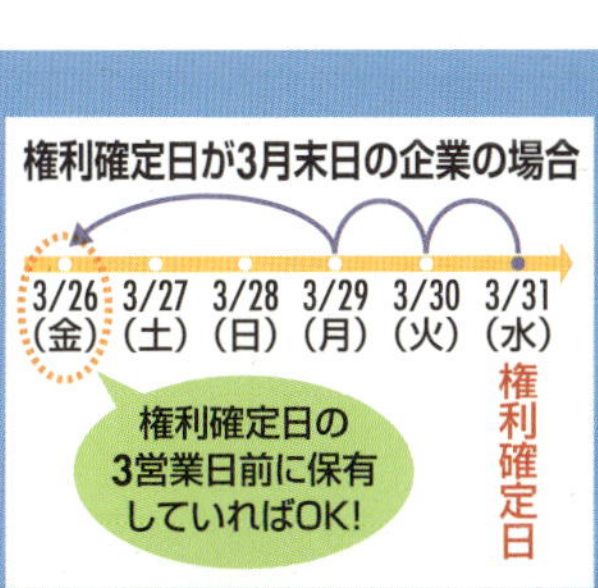
権利確定日が3月末日の企業の場合
3/26（金）
3/27（土）
3/28（日）
3/29（月）
3/30（火）
3/31（水）
権利確定日
権利確定日の3営業日前に保有していればOK！

優待品が欲しければ確定日の3営業日前に買う。

実は暴落こそ最大のチャーーーンス！

暴落は蛮勇を持って買い向かう！

暴落の後には反発相場が来る！

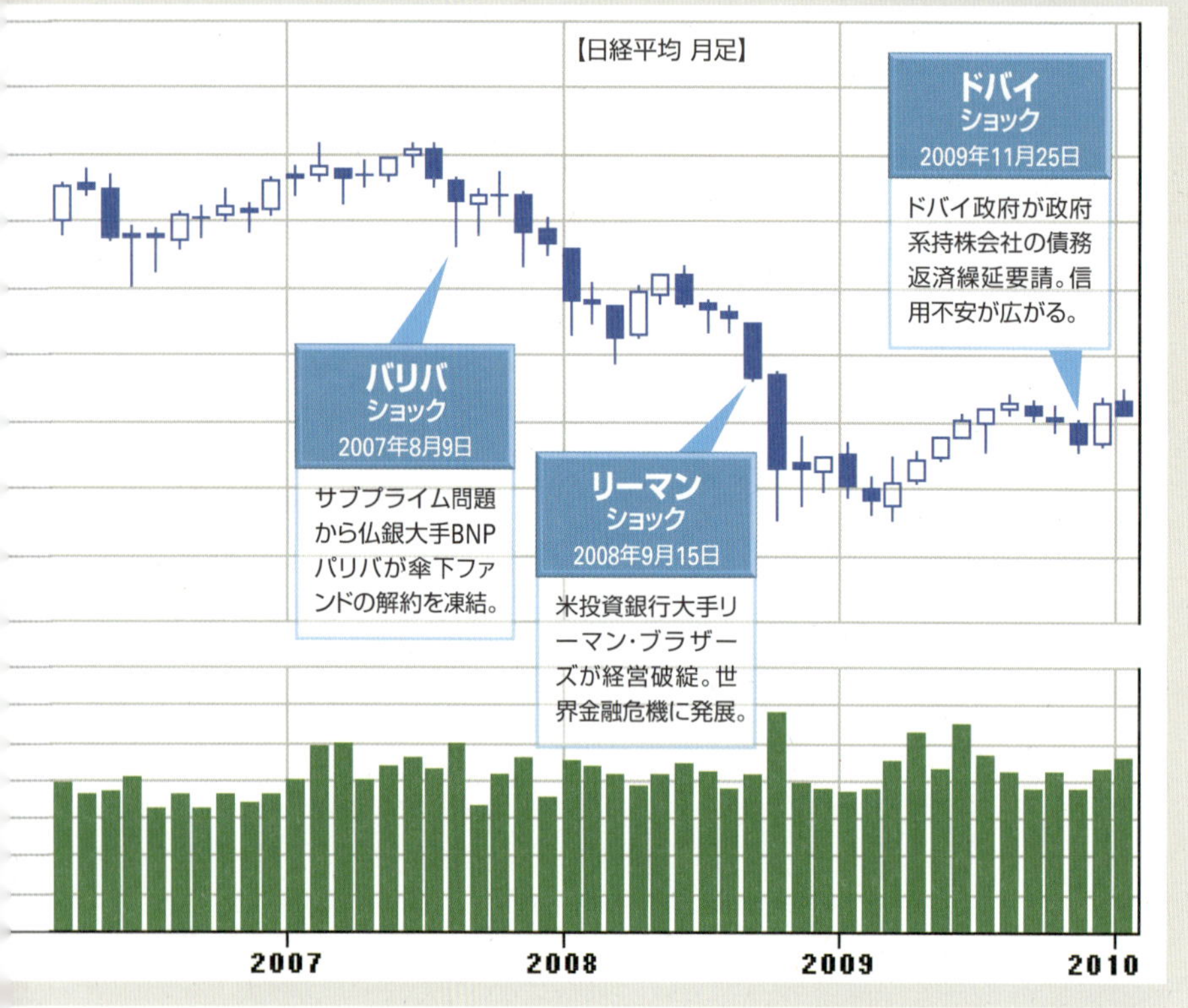
【日経平均 月足】
バリバ
ショック
2007年8月9日
サブプライム問題から仏銀大手BNPパリバが傘下ファンドの解約を凍結。
リーマン
ショック
2008年9月15日
米投資銀行大手リーマン・ブラザーズが経営破綻。世界金融危機に発展。
ドバイ
ショック
2009年11月25日
ドバイ政府が政府系持株会社の債務返済繰延要請。信用不安が広がる。
2007
2008
2009
2010

パニック売りの後には反発相場がやってくる

投資の格言に「落ちてくるナイフはつかむな」というのがあります。「下落中の株には手を出さず、底打ちを確認してから買え」という意味です。自分はチキンなので、下げトレンドに買いで立ち向かったことはありません。

ですが、臆病が過ぎてチャンスを逃したことは、幾度となくあります。ここ数年間、**毎年1度は「○○ショック」と名前が付く暴落相場がありました**。そして、パニック的な売りが出尽くした後は、**必ずといっていいほど反発相場がきています**。

こういう相場を取れたら、大きいと思います。もちろん、買うのは必ず底打ちしてからです。問題は、底打ちを見た時に、買えるかどうか。そんな状況で耳に入るのは「市場経済は崩壊した」と言わんばかりの絶望的な声ばかりです。何しろ、圧倒的大多数の投資家が売っているのですから。

また、自分の場合、売買には必ずチャートの根拠を求めます。しかし、投げ売りの最終局面では「5日移動平均線」からも「ボリンジャーバンド－2σ」からも、株価が大きく乖離して、目安となる線が見当たらなくなってしまいます。

ボリンジャーバンドの月足と週足で決める

そんな時は決断です。買うと決めたら、絶対に後悔しないことです。そのためには、やはり気持ち

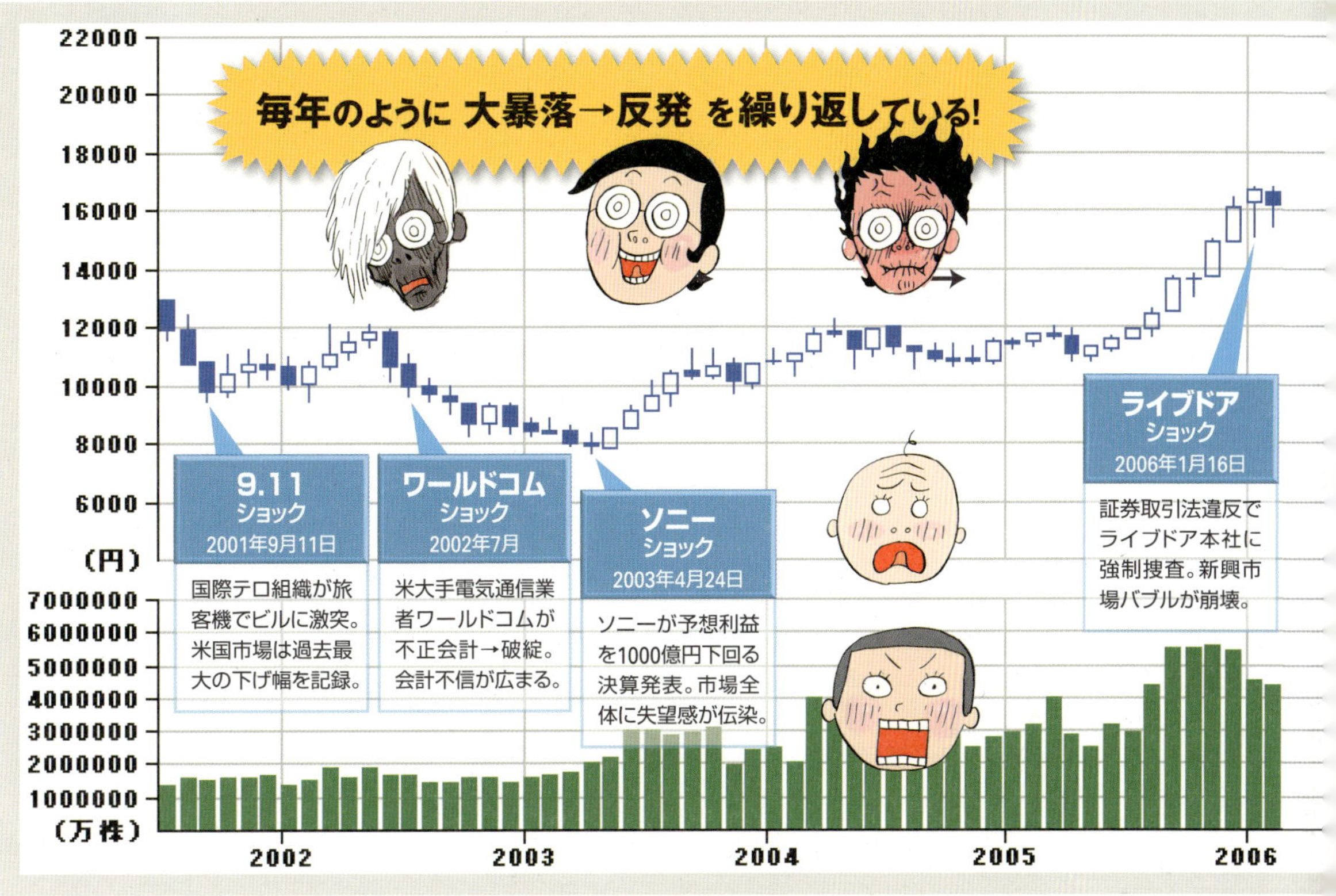
毎年のように 大暴落→反発 を繰り返している!
22000
20000
18000
16000
14000
12000
10000
8000
6000
(円)
9.11 ショック 2001年9月11日
国際テロ組織が旅客機でビルに激突。米国市場は過去最大の下げ幅を記録。
ワールドコム ショック 2002年7月
米大手電気通信業者ワールドコムが不正会計→破綻。会計不信が広まる。
ソニー ショック 2003年4月24日
ソニーが予想利益を1000億円下回る決算発表。市場全体に失望感が伝染。
ライブドア ショック 2006年1月16日
証券取引法違反でライブドア本社に強制捜査。新興市場バブルが崩壊。
7000000
6000000
5000000
4000000
3000000
2000000
1000000
(万株)
2002
2003
2004
2005
2006

以外に「根拠」が必要です。

僕は、暴落相場で勇気を振り絞るために、次の条件を求めます。

①株式市場が全面大幅安である。
②保有株はいったん全部売り、キャッシュポジションである。
③日経225の月足が、ボリンジャーバンド－2σから瞬間最大5%以上飛び出した。
④日経225の週足が、ボリンジャーバンド－2σから飛び出し、下ヒゲ陽線になる

以上の条件が揃って、日経平均採用の国際優良株を買います。相場全体が売られた後、最初に買い戻されるのは、日本を代表するこれらの銘柄だからです。

もっとも、こうした状況では「売買しない」のも立派な選択だと思います。手を出さなければ利益は得ませんが、損失も食らいません。暴落相場では無傷で生き残れたら大勝利。長い人生、チャンスは何度でも巡ってきます。

用語解説 KEYWORD

9・11ショック《きゅーてんいちいち・しょっく》

2001年9月11日、米国で同時多発テロが発生し、日経平均は1万292円から翌日9600円に下落。米国市場の閉鎖などもあって2～3週間は不安定な値動きが続いたが、1カ月後にはテロ前の株価を完全に上回った。

ライブドア・ショック《らいぶどあ・しょっく》

2006年1月16日、ライブドアに強制捜査が入り、翌17日から暴落。日経平均は1万6268円から、2日間で1209円も下落した。しかし、東証一部の大型優良株を中心に怒涛の買い戻しが入り、27日には急落前の株価を回復した（ただし、新興市場はそのまま壊滅）。

リーマン・ショック《りーまん・しょっく》

2008年9月15日、米大手証券リーマン・ブラザーズが経営破綻し、世界の株価が暴落。金融システムを揺るがす大事件だったためか即座の反発はなく、1万2000円だった株価は6週間かけ6994円まで下落。しかし、底打ち後の反発では6営業日で9521円まで戻した。

チャートがないと買い時、売り時がわからない！
IPOのセカンダリーはよく動くけど…

ライブドアショック以降は小型株市場は低迷している

【東証マザーズ指数 月足】
IPO市場は小型株の相場とほぼ連動している
ライブドアショック!
低迷から横ばいへ
3500
3000
2500
2000
1500
1000
500
0
2004年
2005年
2006年
2007年
2008年
2009年

新規上場株は短期間で急騰する可能性がある

新規公開株（IPO）は、短期間に株価が大きく跳ね上がる可能性を秘めています。

新たに上場するのは若くて伸び盛りの企業であることが多く、市場から調達した資金で事業拡大に弾みが付きます。また「上場企業」の信用を得て取引先が増えたり、銀行から大きな融資を受けられるので、将来に期待が持てます。

業績の拡大に期待が集まる一方で、売り出される株はそれほど多くないので、供給よりも需要が多い状況が生まれやすくなっています。同業他社や同規模の企業の株価と比較して、公募価格が割安に設定されていることも、上場直後の急上昇を後押しします。

そんなIPO市場も、2006～2012年頃までは低迷が続きました。取引所や主幹事証券がロクな審査もせずにいい加減な企業を上場させまくっていたのがバレてしまったからです。IPOは公募価格割れが相次ぎ、景気後退の影響もあって案件そのものが激減していたのです。

しかし、少しずつ改善は進んだようで、2013年からは完全復活しました。最近は「新しい会社に期待と資金が集まって成長を後押しする」いい感じの雰囲気になっています（今でもたまに上場直後に下方修正を出すようなおかしな会社が上場しますけど）。2017年は90社が上場して公募割れは8社、初値上昇率は平均14

直近は初値が上昇する銘柄も出てきたが…

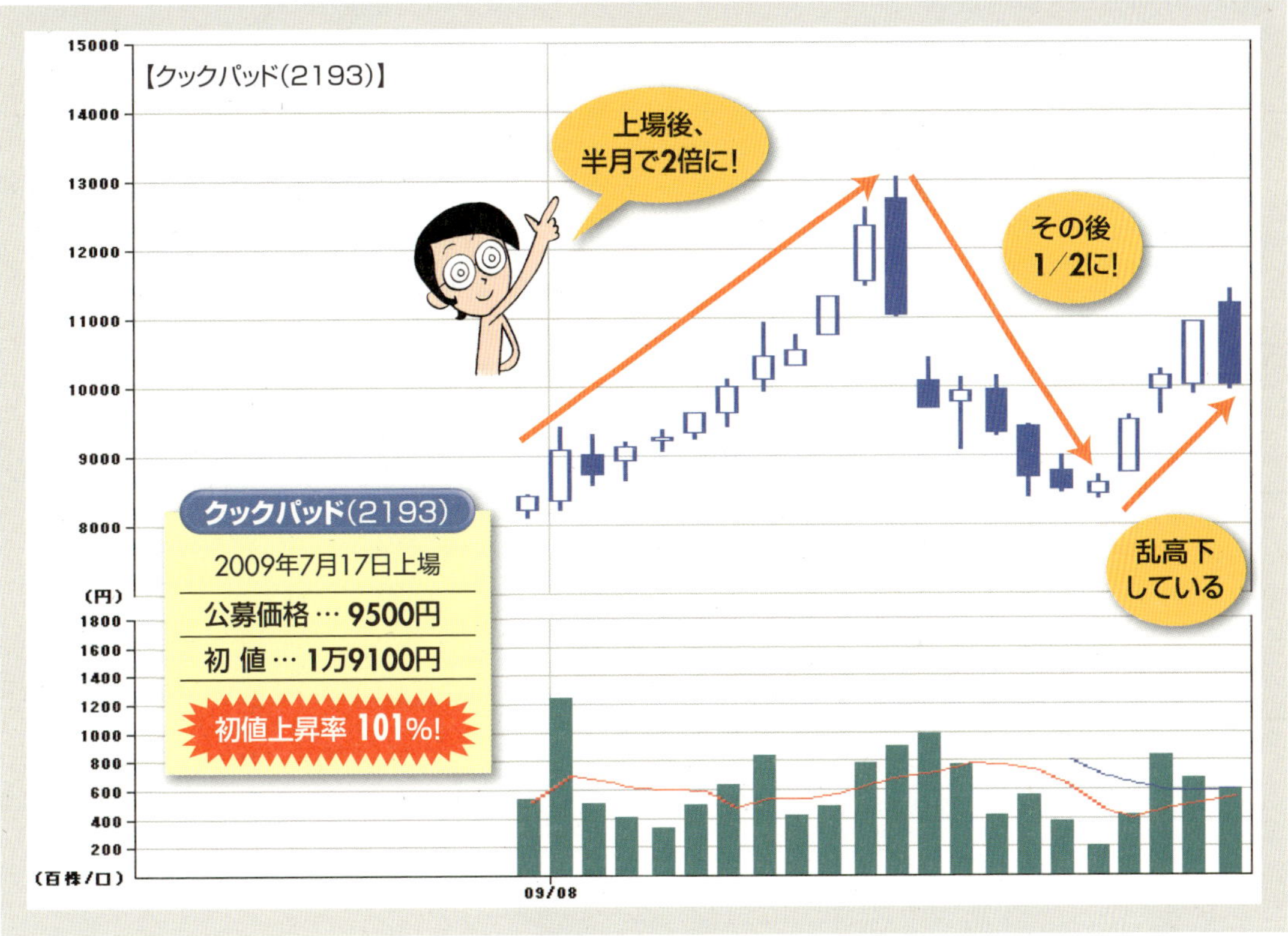
【クックパッド(2193)】
上場後、半月で2倍に!
その後1/2に!
乱高下している
クックパッド(2193)
2009年7月17日上場
公募価格…9500円
初値…1万9100円
初値上昇率101%!
15000
14000
13000
12000
11000
10000
9000
8000
(円)
1800
1600
1400
1200
1000
800
600
400
200
(百株/口)
09/08

6％でした。

チャートを根拠にして買うことはできない

これなら「買うしかない!!」と思うのですが、急上昇のあとには急落もあります。一定の条件を満たすと、上場前からその企業を支えてきた創業者や機関投資家が、どかーんと売りを出してくることもあります。

上場して間もない株はしこりがない変わりに落ち着きどころもなく、株価を決める要素は「投資家の気分」しかありません。だから、上昇している間は熱に浮かされたように買われ、下げ始めると悲鳴をあげて売られるのです。

上場した直後には検討するほどのチャートもありません。企業の成長性とか競合他社との比較とか、ファンダメンタルで確信が持てるなら買ってもいいと思いますが、それは本書で推しているチャートを根拠にした売買とはまったく別のトレードです。

用語解説 KEYWORD

新規公開株《しんきこうかいかぶ》

未公開企業が新規上場する時は、取引開始前に証券会社を通じて希望する投資家に株を売る。その際の価格（公募価格）は主幹事証券が算定した企業価値により決定するが、実勢価格より割安な根付けをするのが通例である。そのため新規公開株は上場後、人気化することが多い。

抽選配分《ちゅうせんはいぶん》

新規公開株は、取引開始前に証券会社から「公募」により販売される。証券会社ごとに割り当てられる株数は決まっており、ネット証券の場合、希望者が多数の場合は抽選になる。支店の場合はお得意様などに買わせてあげる「裁量配分」もある。

セカンダリー《せかんだりー》

本来は「2番目の」という意味。新規公開株を手に入れる機会は、取引開始前に「公募」に申し込んで買うのが1番目。そして、取引開始直後に公募で手に入れた人たちから買うのが2番目。新規公開株は市場の評価が定まっていないので、しばらくは急騰・急落することが多い。

COLUMN

“掲示板”には
ろくな情報がないですよ！

掲示板には塩漬けのベテラン投資家がいる

「Yahoo!ファイナンス」は便利ですが、「銘柄別掲示板」には気をつけてください。

投資家は、成功すると「自分は上達した」と勘違いするし、失敗すると「これは何かの間違いだ」と思い込もうとします。だからこそ、トレードにはルールが必要なのですが、掲示板にはそれをも狂わせる“落とし穴”がたくさんあります。

特にやっかいなのは、含み損を抱えた時です。誰だって損切りはしたくありません。でも、切るべき時に切らないと、塩漬け株の無限地獄に陥ります。ところが、掲示板には地獄歴の長いベテラン投資家がいて、新人に「損切りしなくていい理由」をあれこれ教えてくれるのです。

そういう人たちは、投資の失敗を「何かの間違いだ」と証明するため、銘柄のいいところを徹底的に調べ上げています。同時に、都合の悪いところは“自分都合フィルター”で、なかったことにしています。

しかも、何度も自問自答して磨き上げた理屈には、妙に説得力があります。掲示板には「その銘柄を持ってはいけない」意見もあるかもしれませんが、自分の中にも“自分都合フィルター”はあり、それらは無意識のうちに読み飛ばしてしまうのです。

ポジションを持ったら掲示板は見ないこと

例えば、株価が下げると「これは振るい落としだ」という解説がつきます。大資産家が個人投資家に揺さぶりをかけて売らせている光景を想像しますが、書いた人の本音は「俺の買値はまだ上だから、こんなところで売らないで!!」というものです。

「大口がフタをしている」というのもあります。上がらないのは安く大量に仕込みたい機関投資家が、大きな売り板を出して買い上がらせないようにしているというのです。それ、本当にやってたら逮捕ですからね!!

最悪なのが「長期で持ってりゃ必ず上がる。今は絶対的に割安な水準」というもの。これはズバリ「俺の塩漬け仲間になってくれ！」と言っているようなものです。

「あほな…」と思われるでしょうが、少しでも「損切りは嫌だな」という気持ちがあると、こんな稚拙な書き込みにも心は揺らいでしまうものです。ポジションを持ったら、掲示板なんて見ないほうが身の為です。

CHAPTER 7

究極の短期売買 ワタナベくんのデイトレ教室

ワタナベくんの原点と言えば、デイトレ！
世間にはデイトレ＝ギャンブルのイメージがあるが、
手法自体は実は最もリスクの少ない投資法なのだ。
毎日たくさんのチャートを見て→銘柄を選び→
実際の売買で値動きを体験して→結果を検証する。
この繰り返しが経験となり、相場観を磨き上げる！
短期間で上達したい人、デイトレ特訓やってみる!?

デイトレで失敗しないためのやり方

「株」初心者はリスクの小さなデイトレから始めてみよう！

デイトレは夜、安心して眠れるトレードだ！

ダーン
短期売買の究極はデイトレードです
1日の中で「買い」と「売り」を完結させるトレードです
次の日に持ち越さないので夜にNYが大暴落しても安心して眠れます
すやすや

その日その時に上げている株を買う

デイトレは、その日に買った株をその日のうちに売って、決着をつけるトレードです。その日その時に賑わっている**「旬の銘柄」が売買できるのと、雲行きが怪しくなったらすぐ逃げられるのがメリット**です。

デメリットは、**ザラバの時間帯に取引につきっきりにならなければいけないこと**。ビジネスタイムとかぶるので、サラリーマンにはできません。また、想像以上に消耗するので、気力・体力がない人にもおすすめしません。

株式市場では4000近い銘柄が取引されており、それぞれが日々「上がったり下がったり」を繰り返しています。デイトレでは銘柄をとっかえひっかえしながら、常に上げている株に乗っかります。

そして、一日の取引が終わる時には必ず**「キャッシュポジション」**（すべて現金にすること）に戻します。取引終了後に悪材料が出ても、対処のしようがないからです。もちろん、思いもよらぬ好材料が出る可能性もありますが、それは仕方がありません。ギャンブルではないのですから、自分でコントロールできない不確実性に大切な資金はさらせません。

デイトレで大失敗しない3つのポイント

デイトレは、株価が賑わっているいい時にだけやってきて、少しでも形勢が悪くなるとすぐに売っ

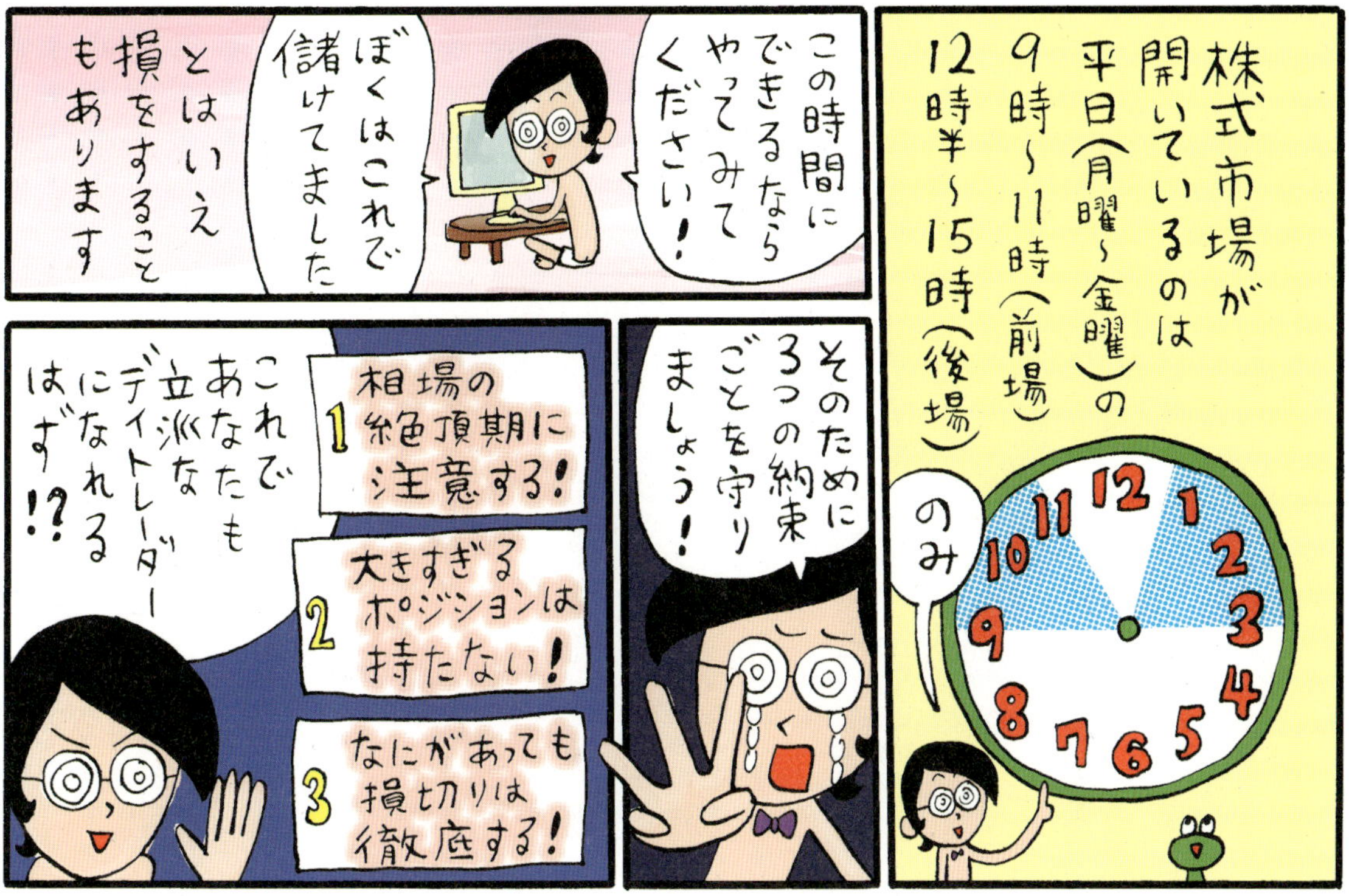
株式市場が開いているのは平日(月曜~金曜)の9時~11時(前場)12時半~15時(後場)
のみ
この時間にできるならやってみてください!
ぼくはこれで儲けてました
とはいえ損をすることもあります
そのために3つの約束ごとを守りましょう!
1 相場の絶頂期に注意する!
2 大きすぎるポジションは持たない!
3 なにがあっても損切りは徹底する!
これであなたも立派なデイトレーダーになれるはず!?

てしまうので、世間的には「おいしいところだけ持っていきやがって!!」と思われています。

ですが、**勝ち続けるのは容易ではありません**。事実、一時期あんなにあったデイトレのブログが、ほとんど消滅しているのがその証拠です。なかには勝ち逃げできた人もいるでしょうが、大半はどこかで大失敗をやらかし、退場させられてしまったのです。

理由は想像に難くありません。相場の絶頂に大きなポジションを持ち、急落時に損切りしなかったのです。それ以外に大失敗する要因はありませんので。逆に言えば、

①相場の絶頂期には注意する
②レバレッジは掛けない
③損切りの掟は死んでも守る

の3点を守れば、生き残れます。

デイトレは苦労も多いですが「**大失敗を避けつつ小さな利益をコツコツ積み上げる**」トレードに徹する限り、必ず得るものはあると思います。

用語解説 KEYWORD

デイトレ《でいとれ》

デイトレード。株を買ってその日のうちに売る、あるいは空売りしてその日のうちに買い戻すこと。ポジションを持ち越して夜間に悪材料が出ても、翌営業日までは何もできない。デイトレはポジションの保有を取引時間中に限定し、何かあったらすぐに対処できるようにしておく。

ザラバ《ざらば》

「寄付き」と「引け」の間の時間帯。ザラバでは市場に出された売り注文と買い注文、双方の株数・価格条件が一致したものから売買を成立させる「ザラバ方式」で価格を決めている。対して「寄付き」と「引け」の時間帯は「板寄せ方式」で価格が決定する。

キャッシュポジション《きゃっしゅぽじしょん》

投資資金が現金になっていること。対して、株を買っているのを「買いポジション(ロング)」、空売りしているのを「売りポジション(ショート)」と言う。キャッシュポジションでは、資産は増えもせず減りもせずの「ニュートラル」の状態になる。

ワタナベくんの
デイトレ
教室

行き当たりばったりの売買はもうやめよう！

デイトレは準備で8割が決まる！

デイトレの常識を疑え！

通常デイトレはランキング情報

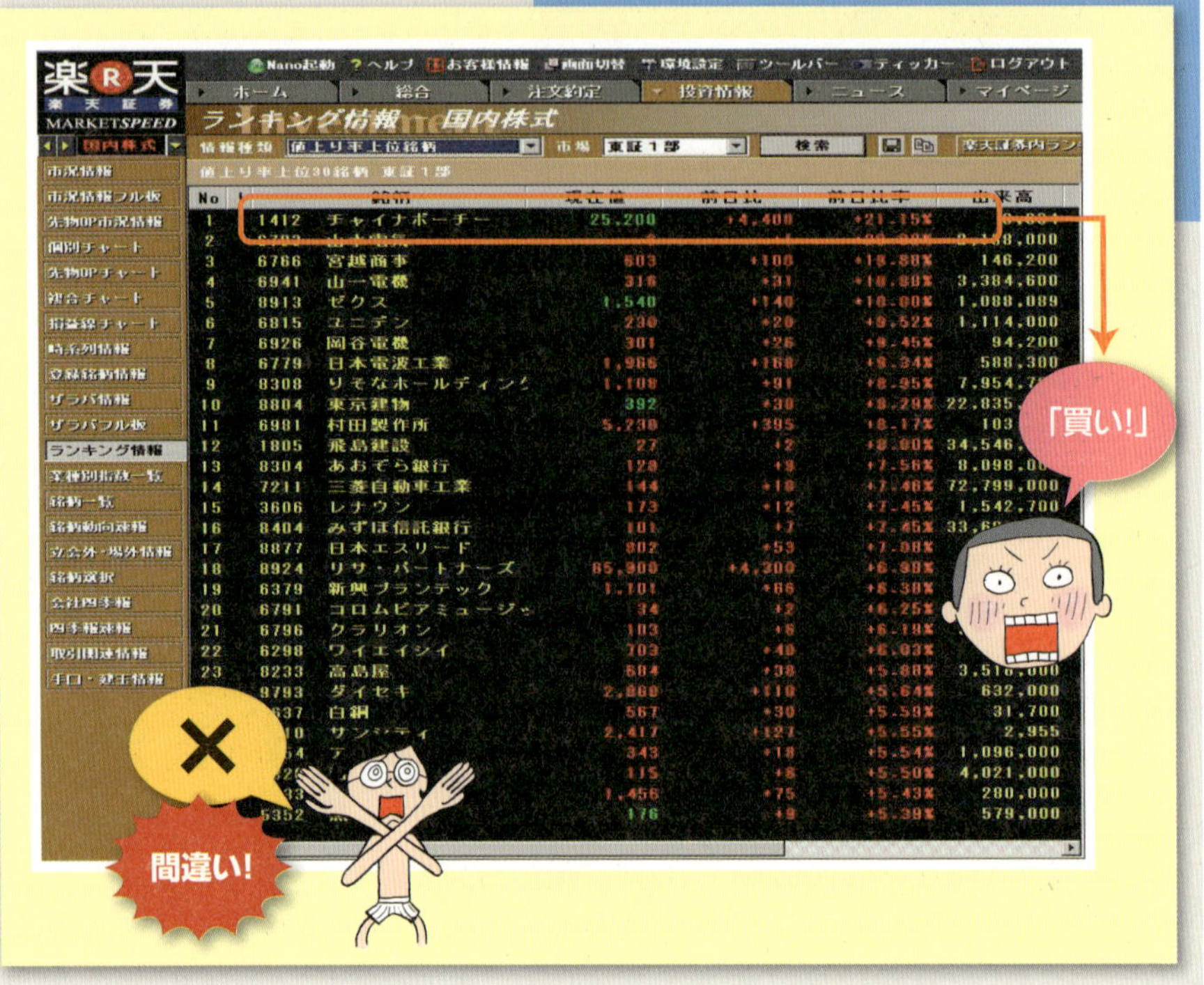
楽天証券
MARKETSPEED
ランキング情報 国内株式
値上り率上位30銘柄 東証1部
No
銘柄
現在値
前日比
前日比率
出来高
1 1412 チャイナボーチー 25,200 +4,400 +21.15%
「買い!」
×
間違い!

手掛ける銘柄は前日までに準備する

デイトレは、その日その時に上げている銘柄を買います。最初の課題は、その銘柄をどうやって見つけるかということです。株価が急騰していたり出来高が急増している銘柄は、「ランキング情報」で知ることができます。

実際、これで銘柄を探している人も多いのですが、僕はオススメしません。株は誰かに自分が買った価格よりも高く買い取ってもらわなければ、利益になりません。ランキングに出てから飛び付くと、かなりの確率で誰かの利益確定売りを引き受けてあげて、〝おしまい〟になるでしょう。

というわけで、当日手掛ける予定の銘柄は取引開始前までに準備しておき、いざザラバが始まったら「あとは発注のタイミングを待つだけ」という状態にしておきます。もちろん、自分が狙った銘柄が必ず上昇するわけではありませんが、ドタバタして高値掴みするよりはマシです。

上がりそうな銘柄の探し方は、これまでに紹介した方法と同じ。すなわち、**節目やボリンジャーバンドの＋2σを突破しそうな銘柄**です。さらに、デイトレ限定なら、**前日の取引終了後に好材料が出た銘柄**も加えることができます。

取引開始直後の30分間は勢い勝負

ザラバの取引は午前9時から午

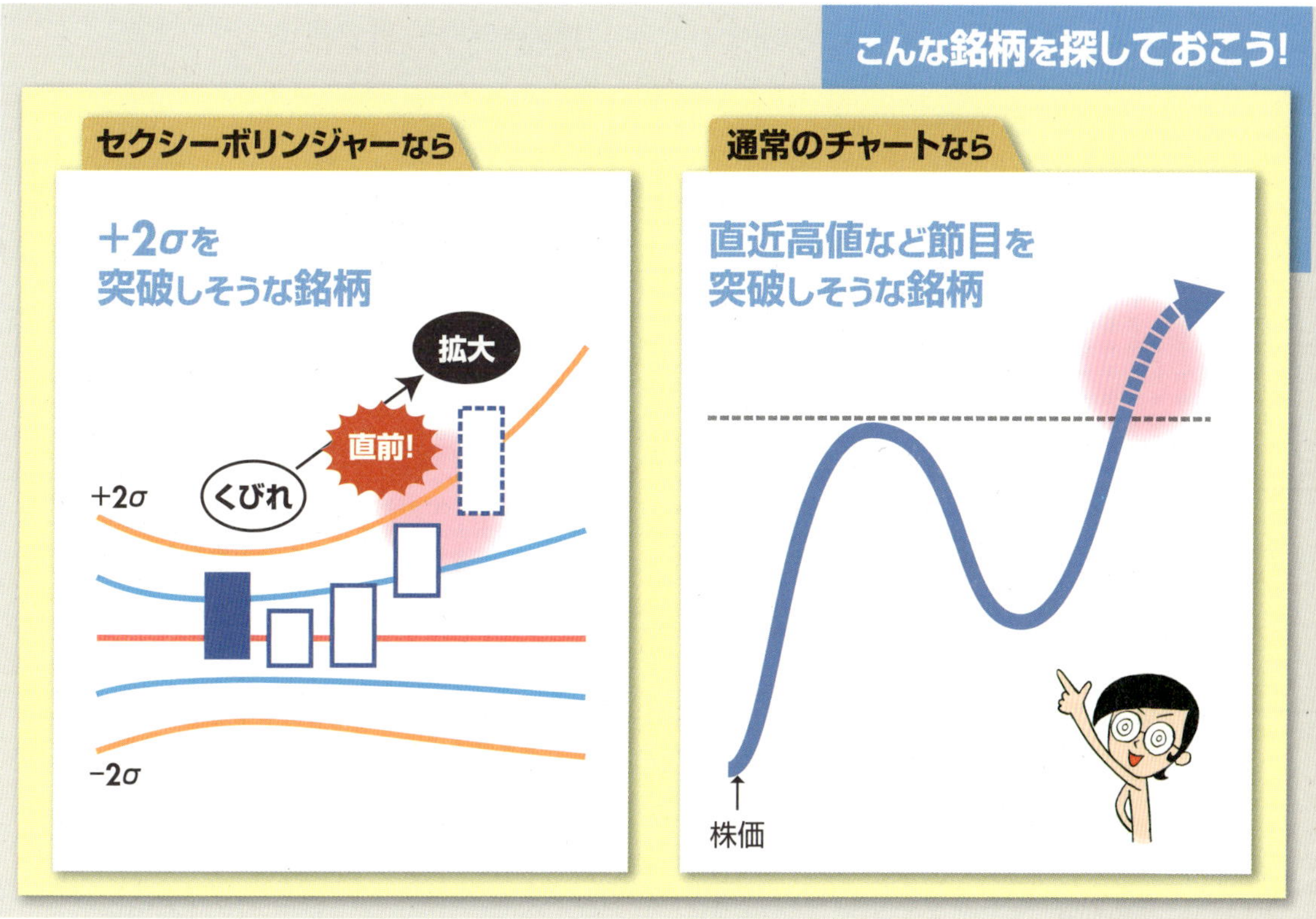

こんな銘柄を探しておこう!
セクシーボリンジャーなら
+2σを
突破しそうな銘柄
拡大
直前!
くびれ
+2σ
−2σ
通常のチャートなら
直近高値など節目を
突破しそうな銘柄
株価

後3時までですが、テンションは同じではありません。デイトレで特に頑張らなければいけないのは、**取引開始直後の30分間**です。

株価に影響する重大発表はたいてい前日の午後3時以降に行なわれていますし、海外の市場動向を見て売買したくなった人もいます。そうした投資意欲のエネルギーが前日から18時間（月曜日なら週末からの66時間）も溜まっていて、取引開始の鐘と同時に一気に放出されるからです。

ただし、この〝第1波〟の勢いがどこまで続くかはわかりません。そこそこの上げで始まれば「おっ、今日はいい感じだな」と一日継続するかもしれませんが、あまりにヒートアップして始まると「こんなにぶっ飛んだら付いて行けないよ」と数分で途絶えてしまう可能性もあります。

かなりドタバタするのは必至なので、ウロタエてしまうならこの時間帯は見学に徹するのも手です。

用語解説 KEYWORD

デイトレ前の確認事項《でいとれまえのかくにんじこう》

①ダウ平均・ナスダック指数
②為替（ドル円）
③シカゴ日経平均先物
④外国証券寄付前注文動向
⑤米国の主要な経済指標と決算
⑥前日引け後に出た材料など

外資系証券寄付前注文動向《がいしけいしょうけんよりつきまえちゅうもんどうこう》

市場関係者が外資系証券数社から聞いて集計しているもので、公式の数値ではない。また、国内投資家が外資系証券経由で発注した分も含まれるので全て「外国人の注文」とは言い切れない部分もある。しかし、外国人投資家の動向を探る上での参考情報として、重宝されている。

SQ《えすきゅー》

先物取引やオプション取引で、期限までに決済されなかった注文の最終決済価格が決まる日。オプション取引のSQは毎月第2金曜日。加えて3・6・9・12月の第二金曜日は株価指数先物のSQも加わり（メジャーSQという）、直前に株価が乱高下する可能性がある。

デイトレだってチャートで勝負！

分足でタイミングを見る

根拠になるチャートを決めよう！

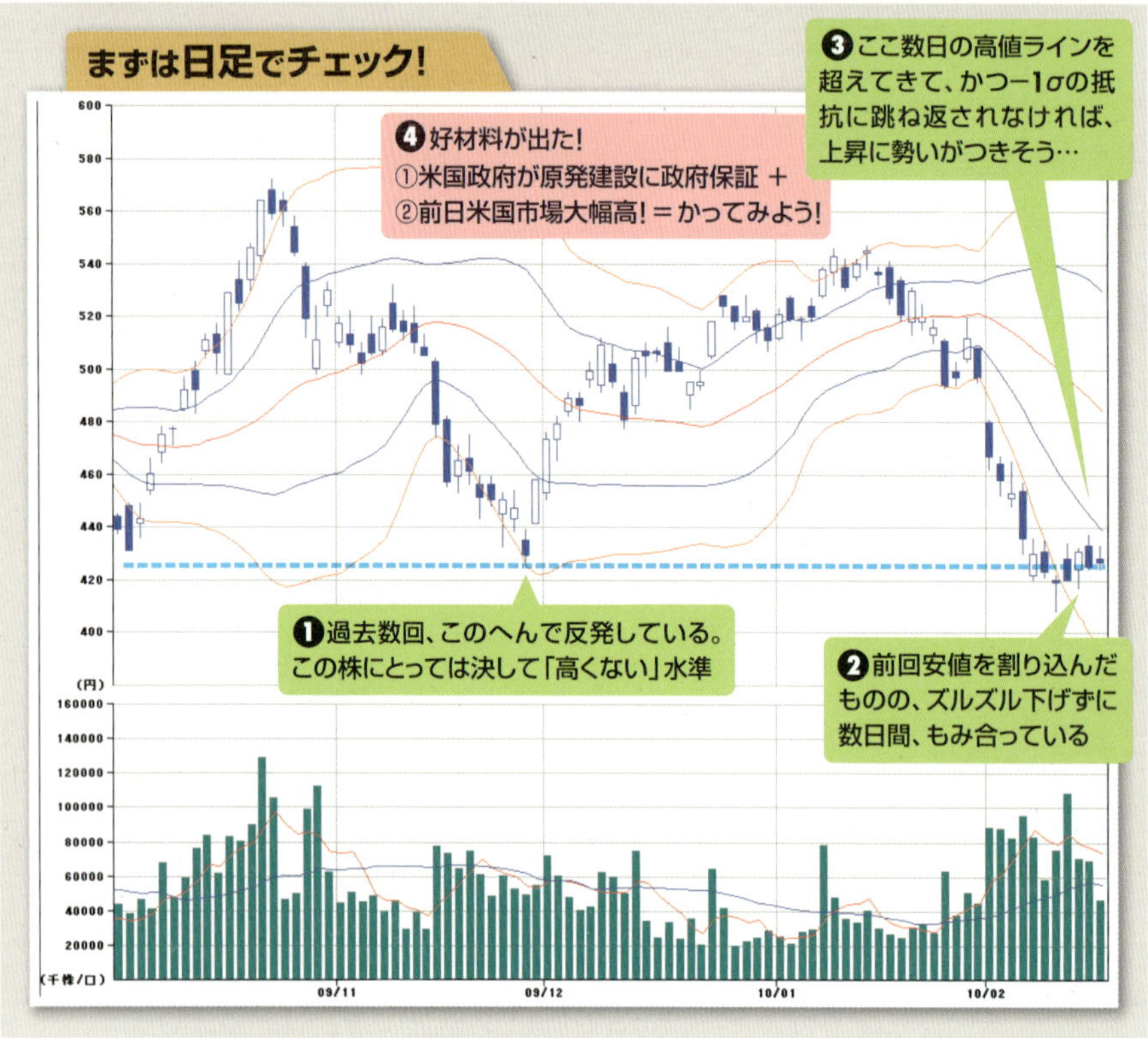
まずは日足でチェック！
❹好材料が出た！
①米国政府が原発建設に政府保証 ＋
②前日米国市場大幅高！＝かってみよう！
❸ここ数日の高値ラインを超えてきて、かつ−1σの抵抗に跳ね返されなければ、上昇に勢いがつきそう…
❶過去数回、このへんで反発している。この株にとっては決して「高くない」水準
❷前回安値を割り込んだものの、ズルズル下げずに数日間、もみ合っている
600
580
560
540
520
500
480
460
440
420
400
(円)
160000
140000
120000
100000
80000
60000
40000
20000
(千株/口)
09/11
09/12
10/01
10/02

分足を売買の根拠にタイミングを探る

取引開始直後から上昇すると、ほどなく「利確タイム」がやってきます。あるいはそれは、一通りの売りが出尽くした後の「買戻しタイム」かもしれません。

第1波は勢いだけの場合が多いのですが、その後にくる流れは、その日のトレンドになる可能性があります。ここからが、テクニカルトレードの真骨頂です。

タイミングは、やはり**チャートが頼り**です。**使うのは「日足」と「分足」**。**日足ではチャートの節目を確認**します。なんだかんだ言って日足で売買している投資家がいちばん多いので、これがどういう形になるかを踏まえておくことが重要です。

それらを頭に入れてから、分足に切り替えます。分足は〝何分間でローソク1本を作るか〟によって、1分足〜5分足くらいまで選べます（証券会社により異なります）。分数が短いほど機敏ではあるがブレやすいチャートになり、分数が長いほどブレにくいが鈍感なチャートになります。

何分足を選ぶかはお好みですが、僕には3分足を基本に、値動きが早い取引開始直後は2分足に、逆に値動きが落ち着く後場は4分足に変えるなどの調整をしています。

最新の足は未完成最後は板を見て決断

分足での売買タイミングも、基本的には日足での判断と同じです。

売買タイミングは分足で決めよう!

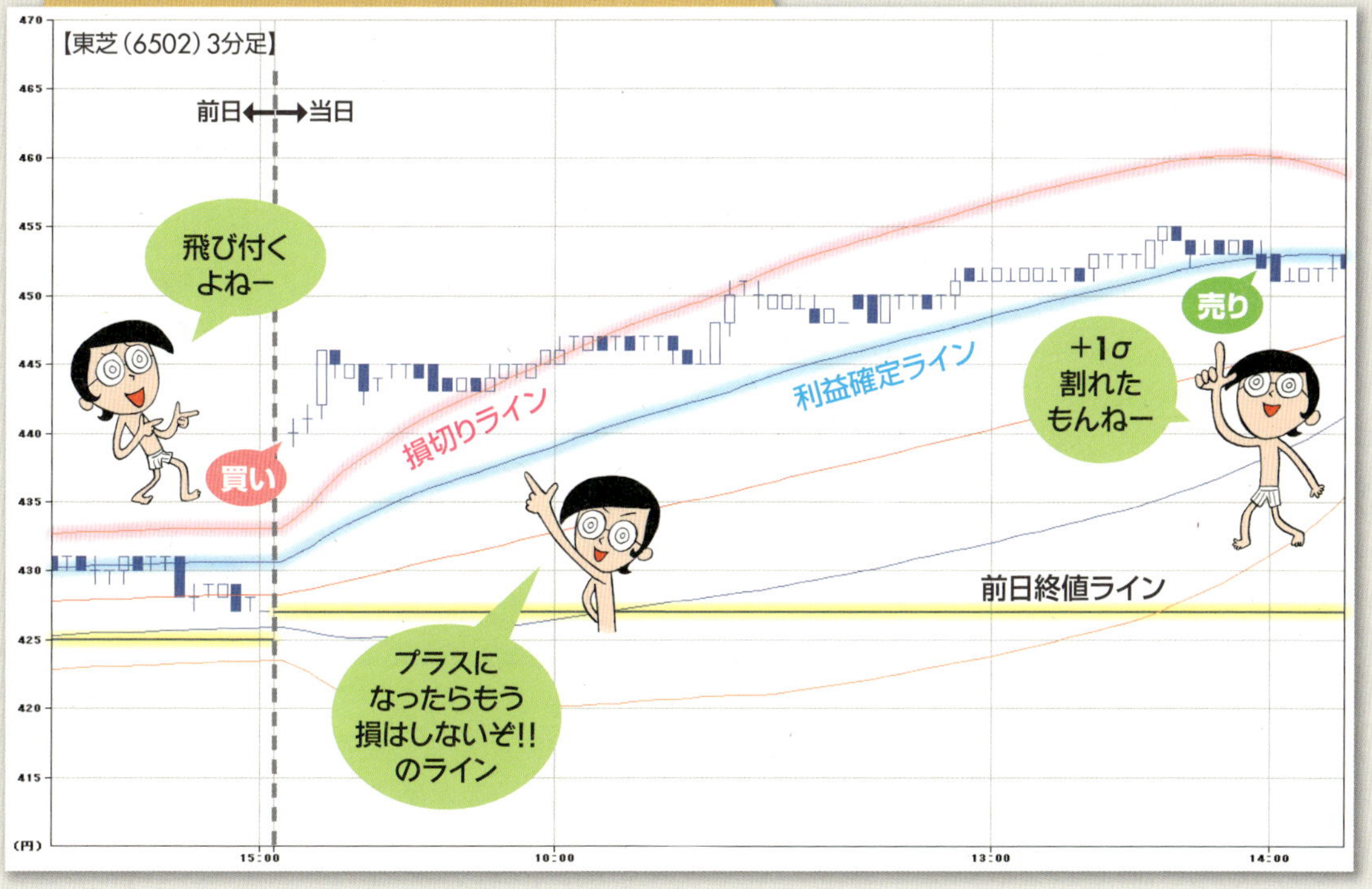
【東芝（6502）3分足】
前日←→当日
飛び付くよねー
買い
損切りライン
利益確定ライン
売り
＋1σ割れたもんねー
前日終値ライン
プラスになったらもう損はしないぞ!!のライン
470
465
460
455
450
445
440
435
430
425
420
415
(円)
15:00
10:00
13:00
14:00

ボリンジャーバンドで判断するなら、寄り付き直後に＋2σを突破したら飛び付くのか見送るのかをまず決め、買ったら損切りラインの確認（＋1σ割れ）。含み益になったら、利益確定ライン（同じく＋1σ）を割り込むまで持ち続けるなどです。

注意しなければいけないのは、分足チャートで見る最新の「足」は、常に未完成な状態で動いているということです。3分足チャートで最新の〝足〟が現れた1分後に〝節目を超えた!!〟ように見えても、実際はあと2分経ってみないとどういう形で確定するかはわからないのです。

売買サインが出るか、出ないかを見極めたい場合、早い分数の足に切り替えると、先にチャートが完成しているので参考になります。しかし、ここであまり厳密なことを言い過ぎると、キリがありません。スピードも求められるので、最後は板状況を見て決断します。

用語解説 KEYWORD

分足《ふんあし》
ローソク足の1本を、分単位で描いたチャート。分数が短いほど敏感だがブレやすく、分数が長いほど鈍感だがブレにくい。通常は、移動平均線も分数に合わせたものが表示される。例えば、3分足の25本移動平均線なら、3分×25本＝75分移動平均線ということ。

板情報《いたじょうほう》
買い注文と売り注文が、それぞれ何株ずつ出されているか（＝気配値）を、価格別に掲示したもの。取引時間中は投資家の注文の出し入れによって、あるいは約定ごとに決定される株価の値動きに応じて、気配値が刻々と動いている。

歩み値《あゆみね》
何時何分何秒に、何円で、何株の注文が成立したのかを記録したもの。株価が1円動くのに1000株しか費やされないこともあれば、数百万株が費やされる場合もある。歩み値を検証することで、値動きの軽さや、大口投資家の動向を推察することができる。

投げ売りが尽きたところが大チャンス!!

連続ストップ安の全株一致を買ってみる

連続ストップ安銘柄は狙い目!

悪材料発表で「売り」殺到!

売り	価格	買い
	1040	
	1030	
	1020	
	1010	
特3800000	1000	
	990	1000
	980	2000
	970	5000
	960	1500
	950	10500
	940	⋮
	930	⋮
	⋮	⋮

始値は売買の注文数が一致した価格で決まる

これはザラバを監視していないとできないのですが、短時間でガツンと儲かる必殺技です。狙うのは**大きな悪材料が出て、売り気配のまま値が付かない銘柄**。2〜3日間、連続ストップ安になっていたら申し分ありません。

株の取引は「売りと買いの注文価格が一致したところで成立する」と思っている人が多いと思います。ですがそれは、寄り付いた後の話。その日**最初の取引は「売りと買いの注文数が一致したところで成立する」**というルールがあるのです。

前日に大きな悪材料が出ると、朝から売り注文が殺到します。それに対して買い注文はほとんど入りませんから、注文数が合わず、売買は成立しません。すると取引所は、5分ごとに気配値を下げて「この値段なら買いませんか?」と買い注文を募るのです。

取引が成立しないまま気配値だけがどんどん切り下がると、その株を持っていた人は「もういくらでも構わないから売ってしまおう」と成行注文を出すしかなくなります。一方、「悪材料が出たとはいえ、ここまで安くなればいいか」という人も出てくるので、買い注文も少しずつ増えていきます。

数分間で2〜3割取れることもある

そうして、売りと買いの注文数が揃うと**「全株一致」**で取引再

「売り」「買い」が均衡して「全株一致!」

売り	価格	買い
	560	
1000	550	
	540	
1000	530	
	520	
	510	
4010000	500	4010000
	490	21000
	480	15000
	470	102000
	460	50000
	450	15200
	…	…

全株一致!

「売り」「買い」均衡で価格決定!

売り

買い

買った人しかいない状態から急反発!

売り	価格	買い
	560	
1000	550	
	540	
1000	530	
	520	
	510	
	500	20000
	490	51000
	480	10200
	470	5000
	460	15200
	450	…
	…	

売りがほとんどいない!

買い圧力!

上昇へ!

買い　買い

開となるわけですが、その瞬間、需給には劇的な偏りが生じます。

売り注文の大半は成行注文で出されていたため、「全株一致」で寄り付いた瞬間に全て消化されてしまうのです。そうすると、市場に残っているのは約定しなかった買い注文だけになります。

結果、株は奪い合いになり、価格は跳ね上がります。が、その企業に悪材料が出ている状況に変わりはありません。買い注文が途絶えたところで上昇は終わり、今度は利益確定の売りが殺到して急落します。ですから、それまでに売り抜けてしまうことが必須です。

ポイントは、**気配値が切り下がっている間**は、**成行で買い注文を出しておく**こと。ストップ安のまま終了しそうな場合は、比例配分で当たらないよう、**直前に注文を取り消しておく**ことです。

ギャンブルチックなトレードですが、逃げ遅れさえ注意していれば、成功率は高いといえます。

用語解説 KEY WORD

全株一致《ぜんかぶいっち》

売り買い双方の価格・株数が見合って株価が寄り付くこと。ザラバでは価格条件が一致した注文から順次取引が成立する「ザラバ方式」で株価が決まるが、寄り付きに限っては売り買い双方の価格と注文数が一致して初めて取引成立となる「板寄せ方式」が採用されている。

特別気配《とくべつけはい》

売りと買いの注文が数量的に大きく偏っていたり、そのまま約定させるととんでもない値動きになりそうな時に「特別気配値」を掲示し、対抗する注文が現れるのを待つ。注文が出なければ、5分おきに気配値を動かす。何円ごとに動かすかは、気配値の値段により決められている。

比例配分《ひれいはいぶん》

売りと買いの注文数が釣り合わないままストップ高／ストップ安で取引時間が終了した場合、出されていた注文数に応じて取引所が証券会社ごとに株を割り振り、取引を成立させる。配分を受けた証券会社では、各社の社内ルールに則って約定を投資家に振り分ける。

風が吹いたら桶屋じゃなくて、風車の会社の株を買え!

ニュースと株価、反射神経で買う銘柄

ニュースに反応しやすい銘柄

材料で動く株とは?

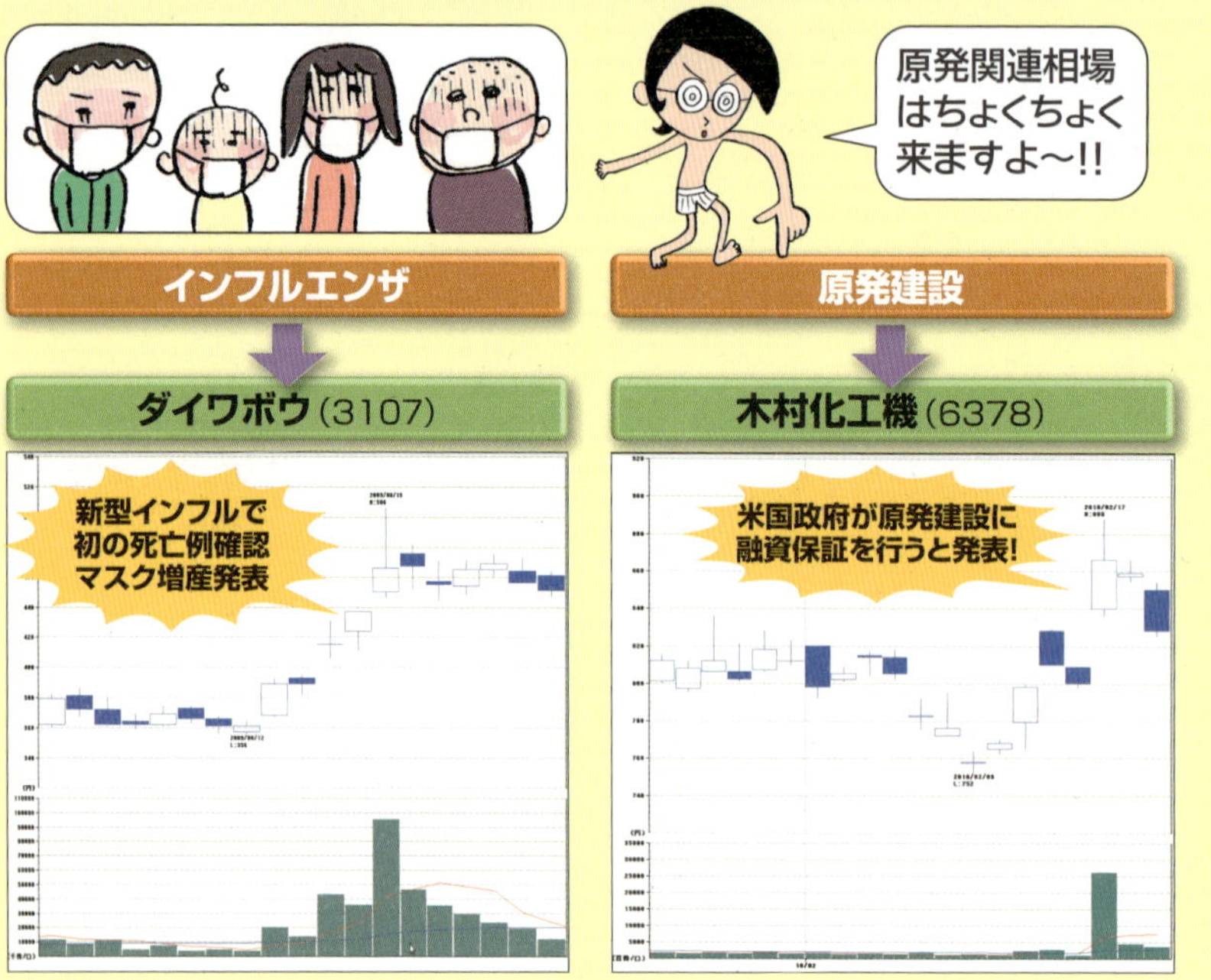
原発関連相場はちょくちょく来ますよ〜!!
インフルエンザ
原発建設
ダイワボウ(3107)
木村化工機(6378)
新型インフルで初の死亡例確認マスク増産発表
米国政府が原発建設に融資保証を行うと発表!

特定の材料が出ると条件反射で買われる株

株価を動かす最大の要因は材料です。それも、直接的でわかりやすいものほど即効性があります。「風が吹けば桶屋が儲かる」と言いますが、株式投資では「風が吹いたら風車が回る」くらいストレートなものが歓迎されます。

何度か同じネタで「材料が出る→株価が上がる」が繰り返されると、やがてその銘柄は条件反射で上がるようになります。実際に風車は回らなくても「どこかで風が吹いた」という話題だけで買われるわけです。

僕がこの投資法に目覚めたのは今から8年以上前、不動建設（現在の不動テトラ）の値動きを目撃したのがきっかけです。同社は地盤強化が得意な建設会社なのですが、たまたま値動きを見ていた時に、部屋がグラグラ揺れる大地震が起こりました。すると直後からこの銘柄にガンガン買い注文が入り、株価が急騰したのです。

以来「グラッと来たら不動建設」が、僕の必勝パターンになりました。ところがこのネタは広く知られすぎたのか、最近ではほとんど反応しなくなってしまいました。ネタの〝賞味期限〟が過ぎてしまったのでしょう。

材料と銘柄のセットを覚えておくと迷わない

「インフルエンザ→**ダイワボウ（3107）**」は反応が強く、今後数年間は使えそうです。

テーマ	銘柄
原発建設	宇徳（9358）
	木村化工機（6378）
解散総選挙	ムサシ（7512）
	もしもしホットライン（4708）
太陽光発電推進	フェローテック（6890）
	エヌ・ピー・シー（6255）
金価格上昇	住友鉱山（5713）
	三菱マテリアル（5711）
新札発行	グローリー（6457）
	オムロン（6645）

この銘柄が最初にインフルエンザ関連として注目されたのは、2005年に鳥インフルエンザが話題になった時でした。抗ウイルスの機能マスクを作っている会社で、当時はほかにもたくさん候補が挙がりましたが、2008年のタミフル騒動と、2009年の豚インフルエンザを経て「インフルエンザと聞いたらダイワボウ」のパターンが完璧になりました。

材料で条件反射的な買いが入る銘柄は、ほかにもたくさんあります。原発建設→**木村化工機（6378）**、解散総選挙→**ムサシ（7521）**、太陽光発電→**フェローテック（6890）**、金価格上昇→**住友鉱山（5713）**、新札発行→**グローリー（6457）**など。

大型株よりは小型株で、多角的に事業展開していない企業のほうが、反応は顕著に出ます。短期投資ではこうした「材料と銘柄」の候補をいくつか用意しておくと、いざという時に迷わず行動できて便利です。

用語解説 KEY WORD

差金決算《さきんけっさい》

同日中、同じ資金で同じ銘柄の売買を繰り返せないルール。例えば取引開始時に現金が3万円あり、A社株を3万円買って、当日中に売った場合。その資金ではもうA社株を買い戻せない。取引開始時に保有していたA社株を売った場合は、その資金でA社株を買い戻すまではできるが、もう一度売ることはできない。

買付余力《かいつけよりょく》

現物株の買付けに使える現金の残高。保有する現物株を売ると買付余力は増えるが、実際に現金が手元に来るのに3営業日かかるため、証券会社から引き出せる金額とは違う。また買付余力はあっても、差金決済に当たる売買はできないので注意。

信用新規建て余力《しんようしんきだてよりょく》

信用取引で使える資金枠の残高。信用取引は差金決済が禁止ではないので、同じ銘柄をぐるぐる売買することができる。しかし、使った資金枠が回復するのは翌営業日以降のため、与えられた資金枠を使い切ったら、それ以上の売買はできない。

本気で約定させたい注文は、気配値には出ていない!?

「板」情報だけ見ててもデイトレで勝てない理由

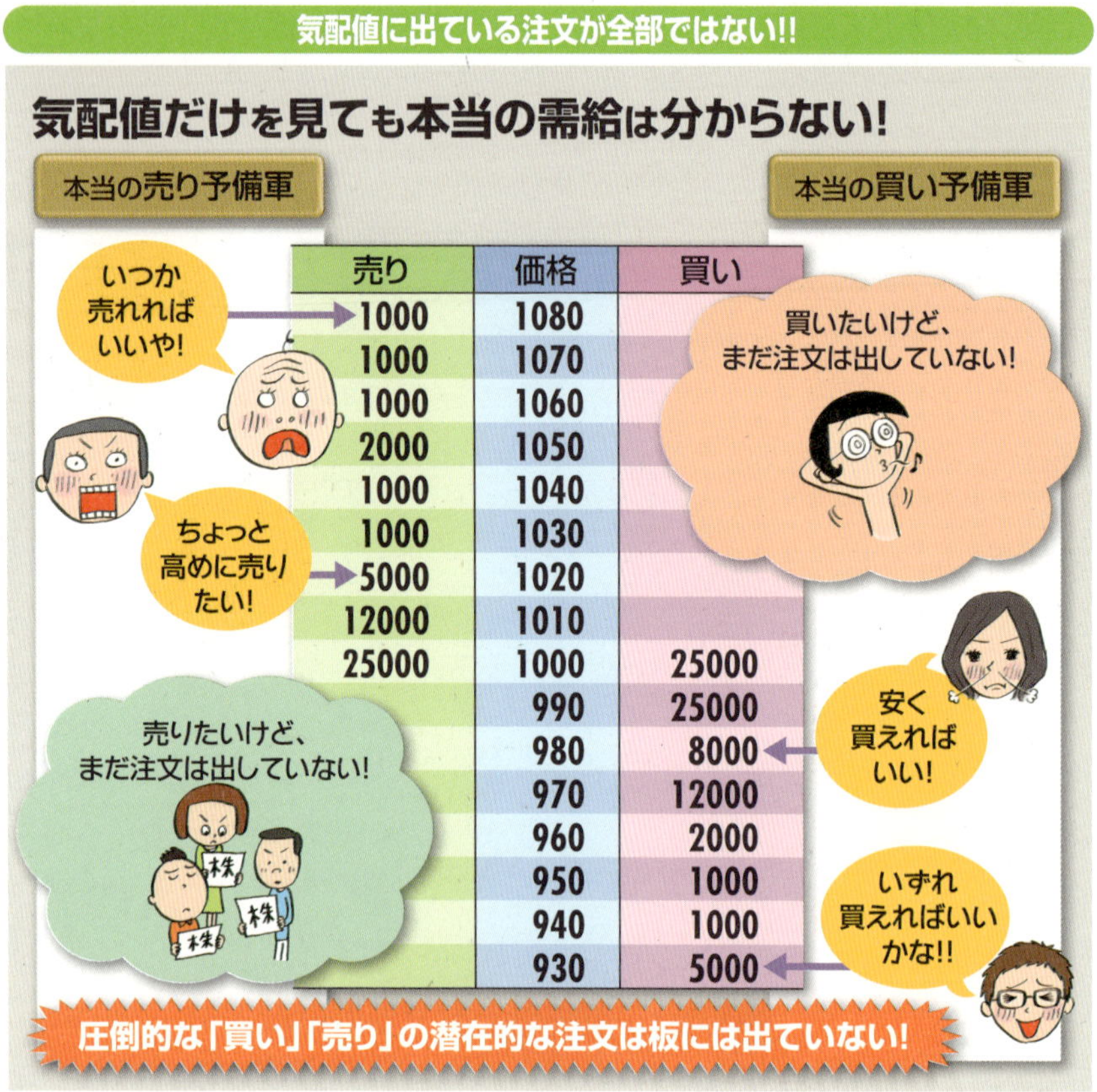
気配値に出ている注文が全部ではない!!
気配値だけを見ても本当の需給は分からない!
本当の売り予備軍
本当の買い予備軍
いつか売れればいいや!
ちょっと高めに売りたい!
売りたいけど、まだ注文は出していない!
株
買いたいけど、まだ注文は出していない!
安く買えればいい!
いずれ買えればいいかな!!
圧倒的な「買い」「売り」の潜在的な注文は板には出ていない!

売り	価格	買い
1000	1080	
1000	1070	
1000	1060	
2000	1050	
1000	1040	
1000	1030	
5000	1020	
12000	1010	
25000	1000	25000
	990	25000
	980	8000
	970	12000
	960	2000
	950	1000
	940	1000
	930	5000

手掛ける銘柄は前日までに準備する

板情報には、投資家が出した注文が、値段ごとに並んでいます。

株価の節目には大きな売り注文が立ち塞がっており、突破できないのではないかと思ってしまいます。けれども、**気配値にあるのは本気で約定させる気があるかもわからない注文**なので、惑わされてはいけません。

大口投資家が本気でその株を買いたいと思うなら、注文を板に並べたりはしません。ライバルや小口投資家が数円上に指値を入れて、約定が遠のいてしまうからです。本気の注文は、気配値に出ている板にぶつけて約定させるものです。

とはいえ、大量の売り注文を消化するには時間がかかるかもしれませんし、突破できない可能性もあります。ですのである程度、板が減るのを待って、最後のほうで約定させられたらベストです。

ただし、これは「できれば」の話。あまりギリギリまで粘ると最後は一気に売りが消化され、狙った価格で買えなくなるかもしれません。特に大きな節目を超えると、値動きに勢いが付きます。それを慌てて追いかけようものなら、チャートの根拠も台無しになってしまいます。

板情報は見過ぎない 1円抜きは危険すぎ!

板情報は、売りと買いの攻防が面白く、見ているだけでワクワクします。ですが、**気配値はあく**

実録！ わずか4分間で700万株の売り板が食べられた!!

9時06分11秒

売数量	値段	買数量
	成行	
6068000	OVER	
959000	448	
965000	447	
1548000	446	
2005000	445	
1219000	444	
1056000	443	
941000	442	
1541000	441	
	440	454000
	439	438000
	438	429000
	437	494000
	436	610000
	435	529000
	434	243000

440円

9時09分53秒

売数量	値段	買数量
	成行	
4365000	OVER	
1042000	450	
976000	449	
1034000	448	
1148000	447	
1617000	446	
1982000	445	
1253000	444	
905000	443	
	442	1120000
	441	737000
	440	603000
	439	328000
	438	322000
	437	553000
	436	551000

443円

9時10分18秒

売数量	値段	買数量
	成行	
3375000	OVER	
73000	453	
121000	452	
904000	451	
1126000	450	
999000	449	
1058000	448	
1220000	447	
1477000	446	
	445	413000
	444	210000
	443	357000
	442	813000
	441	653000
	440	664000
	439	251000

446円

これだけ売り注文多ければ上がるわけないよ～あっはっは
安く買うぞ-!
ウ、ウソでしょ…なんで注文数の少ないほうが勢いあるのさ
何かの間違い!?
完全に出遅れた気配値なんて信じるんじゃなかった…
気配値のバカー

まで気配、出したり引っ込めたりできるもので、売買の「根拠」にはなり得ません。

ところが板情報を見ていると、どうしても注文数の多いほうが優勢で、少ないほうが劣勢に見えてしまいます。するとつい「優勢なほうに加担して、数円分いただいちゃおうか」などと変な色気が出ます。

例えば100円の株を1万株買い、101円で売り抜ければ1万円の儲けですから、こんな簡単なことはありません。そして、偶然にも何度か成功すると「これでコツコツ稼げるんじゃないか⁉」などと思うのです。しかし、いずれ大口の売りがドドッと出てきて、ヤラレてしまうのがオチです。

気配値（特に買い板）は、その株を持っていない人たちが気分で出しているので、何かを読み取ろうとしても無駄です。いっそ見ないほうが、成功率は上がるかもしれません。

用語解説 KEYWORD

フル板《ふるいた》

東証が新売買システム「アローヘッド」を導入したのに伴い、ネット証券が提供を始めたスペシャル版板情報。通常の板情報では売り／買い各8本ずつ表示されているが、フル板では取引所に寄せられている全ての注文を見ることができる。たくさん見られたからといって特別有利になるわけではないが、「引け注文」がどれだけ入っているか、引け前に見られるのには価値がある。

見せ板《みせいた》

約定させる気がないのに、他の投資家の売買を誘うために出す指値のこと。例えば自分が株を売り抜けたい時、気配値に大量の買いを出す。すると、それを見た投資家が「大口が買いに来てる！」と勘違いして数円上に買い入れる。そこに自分の売りをぶつけて約定させ、最後に買いをキャンセルする。れっきとした犯罪行為で、逮捕者も出ている。

バイトでも派遣でも、食い扶持は確保しといたほうがいい

「デイトレは大儲けできる」なんて夢まぼろしだ!

ザラバが見れなくてもサラリーマントレーダーはうらやましい!

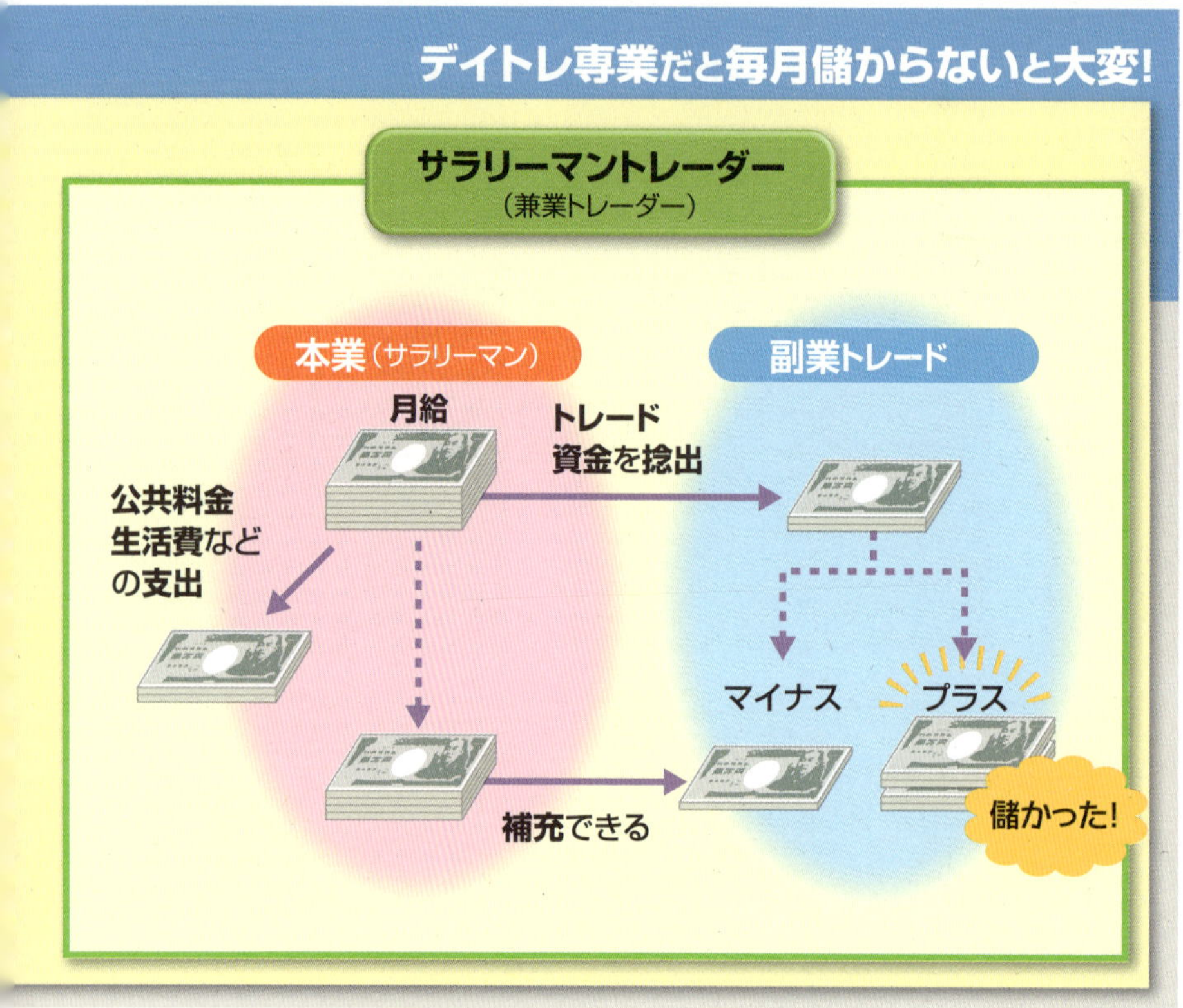
デイトレ専業だと毎月儲からないと大変!
サラリーマントレーダー
(兼業トレーダー)
本業(サラリーマン)
副業トレード
月給
トレード
資金を捻出
公共料金
生活費など
の支出
マイナス
プラス
補充できる
儲かった!

大儲けできるのは投入金額が大きいから

相場が活況になると「俺も、デイトレ一本でやっていこうかな…」という人が必ず出てきます。実際、相場が活況な時は、何をやっても上手くいきます。1日で月給分がラクに稼げてしまうと、仕事なんかやってられなくなる気持ちもわかります。

確かにデイトレは、ルールを厳守する限りは**「リスクが少ない投資法」**です。けれども、決して**「リターンが大きい投資法」ではありません**。もし、デイトレで大きく儲けようとすれば、そのぶん投入する金額を大きくするしかないのです。

ところが、投入する金額が大きくなると、少しの値動きでも損益が大きく動きます。これが判断に微妙な狂いを生じさせます。信用取引を使ってレバレッジを掛けていようものなら、なおさらです。

普通なら「くぅ〜、失敗した。頭を冷やして、一から出直しだ」となるところですが、専業となるとそうもいきません。最低でも毎月の生活費分はプラスにしていかないといけないからです。しかも、元手を減らしてしまえば、それを取り戻すためにより大きな資金を投じて勝負するか、生活を切り詰めていくしかなくなります。

専業トレーダーはかなりしんどい!

さらに、デイトレは毎日毎日が新しい相場との戦いです。経験値

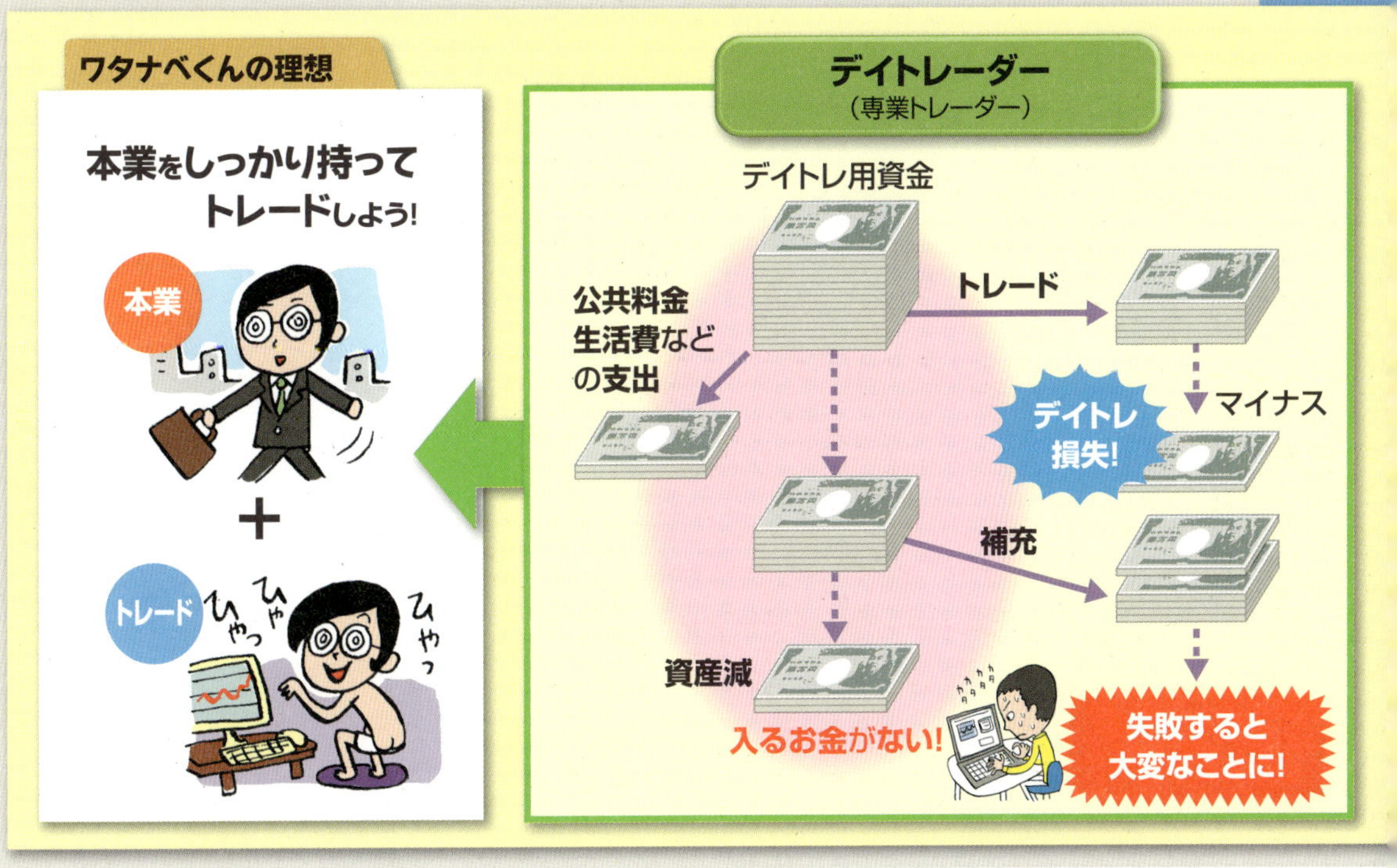
ワタナベくんの理想
本業をしっかり持ってトレードしよう!
本業
+
トレード
ひゃっ ひゃ ひゃっ
デイトレーダー
（専業トレーダー）
デイトレ用資金
トレード
公共料金
生活費など
の支出
マイナス
デイトレ
損失!
補充
資産減
入るお金がない!
失敗すると
大変なことに!

や分析力より、瞬発力やスタミナがモノを言います。人間、年を取ると体力は衰えていきます。そうすると「早く数億円作って引退しよう」という無意識の焦りで、さらに無理な勝負に駆り立てられると思うのです。

体の具合が悪くて休めば（判断力が落ちている時に無理にトレードすると最悪の結果を招く）当然、その分の収入はなくなります。しかも、トレードは数日間も休むと感覚が鈍り、本来の調子が戻るまでにはそれなりの時間を要します。これってほとんどプロスポーツの世界と同じです。

バイトでも派遣でも、働いただけお金がもらえる仕事があるなら、大切にしたほうがいいと思います。何としても食い扶持だけは確保しておくのです。**「失敗しても、とりあえず生活はしていける」**という安心感は、含み益に匹敵する精神的優位で、冷静な判断を下す助けになります。

ワタナベくんの株のネタ帳

勝負師たちはどこへ消えた？ 秒速トレード

株価のわずかな値動きに大量の資金を投じ、数秒数分で売り抜ける秒速トレーダーは、今や絶滅危惧種です。想定損切りラインを飛び越える下落相場で息絶えたり、新興市場の崩壊で活動場所が失われたのが原因です。2010年に東証に「アローヘッド」が導入され、機関投資家の超高速アルゴリズム取引が幅を効かせるに至って、ほぼ死滅しました。

秒速トレーダーの多くはFXに移住したようです。為替は普段数銭単位でしか動きませんが、レバレッジが数百倍も掛けられ、手法的に適応しやすかったのでしょう。

しかし、そのFXでも急激な円高が襲うたびに犠牲者が続出、レバレッジには法的な規制がかけられ、以前ほどは大きく掛けられなくなりました（レバレッジ規制は今後ますます厳しくなる方向です）。

手動の秒速トレーダーは、もうほとんど残っていないと思われます。

COLUMN

相場には強気な雄牛と弱気な熊がいる

相場の話には、たびたび「ブル（雄牛）」と「ベア（熊）」が登場します。敵と戦う時、雄牛は鋭い角を下から突き上げるので強気な上昇相場の、熊は大きな手を上から振り下ろすので弱気な下落相場の象徴とされています。このキャラ設定は世界共通で、米国でもドイツでもベトナムでも、証券取引所に雄牛と熊の象が建てられています（ただし、強気一辺倒の上海証券取引所にあるのは雄牛の像だけで、熊はいないそうです）。

「弱気相場の熊」というと、心の優しい熊さんが、悲しそうな瞳で下落相場を見つめている絵を思い浮かべます。が、外国の経済誌などで描かれる熊は、どれも鋭い爪を立てて咆哮を上げています。空売りで買い方を殺しに掛かっているのです。「投資家たるもの如何なる相場でも、生きるか死ぬかの殺し合いじゃい！」と教えているみたいですね。

しかし、年から年中死闘では、命がいくつあっても足りません。僕は雄牛でも熊でもなく、両者の戦いをいつも安全な場所から見物している「チキン（鶏）」がいいです。そして「今なら絶対に怪我しない」という時だけ降りてきては、小さな利益を摘まんで再び安全な場所に戻るのです。ここでいう〝安全な場所〟とは、言うまでもなく「キャッシュ・ポジション（現金）」のことです。

死にたくないから僕は臆病な鶏になる！

投資の世界は資金量がモノを言います。巨額の資金を有する者が大きな力を持ち、戦いを有利に運びます。そして「相場」という闘技場は、完全無差別級の世界。数百億円を動かす機関投資家と、数百万円しかない個人投資家が、同じリングで戦うのです。

そういうところに年中居続ければ、いずれ体力が尽きて自滅するか、簡単に踏み潰されてしまうのは目に見えています。また、何の準備もせず戦略も持たず、ナメた気持ちでやって来れば瞬殺されるのも当然。常に戦況を見つめ、嘴を研ぎ、ここぞというタイミングでリング・インしなければならないのです。

そんな戦い方に、雄牛や熊は文句を言うかもしれませんが、そんなの知ったこっちゃありません。欧米でチキンは「臆病者」のことですが、誰がなんと言おうとこの世界、生き残ったものが勝ちなのです。

ええ、ワタクシはチキンですが、何か!?

CHAPTER 8

手数料が安く使い勝手のよい証券会社選び

チャンスと思えばすぐに買い、ダメだと思えば即売却
機動的なトレードは、手数料の安さがあってこそ。
だが各社の手数料は十社十様で、単純比較が難しい。
取扱商品もサービスも様々で、どこがいいのか決められない！
そんな時には、あれもこれもと欲張らず、
必要なサービスや機能で割り切ることも大事かも。
短期投資に必要なサービスと機能を備えているのはここだ！

ネット証券の手数料とサービスは、まだ進化している！

使い勝手のよい証券会社はどこか

ワンショットの手数料安いところがおすすめ

株式投資は、証券会社選びから始まります。比較のポイントは、**①手数料、②サービス、③トレードツールの3点**です。投資する銘柄はチャートで決めるので「情報」は必要ありませんし、サイトの見やすさは「慣れ」で解決する場合がほとんどです。

「手数料」は、安いに越したことはありません。本書にご紹介した投資法は、トレンドを捉えて含み益になるまでは、いつでも撤退できるようにしておく必要があります。手数料が安ければ、躊躇なく「買い→ダメなら撤退」ができます。

ネット証券の手数料体系を見ると、売買1回ごとに支払う「1ショット型」と、1日の約定代金に応じて支払う「1日定額型」があります。2つの料金コースから選択させる証券会社が多いのですが、おすすめはシンプルな「1ショット型」です。

「1日定額型」の手数料は、売買回数にかかわらず「1日の約定代金合計が△万円までなら○円」というように段階的に設定されています。しかし、実際のトレードは必ずしもキリのいい金額で区切れるものでもないですし、それを意識することで判断に余計な思惑が入るかもしれません。

逆指値、引け注文、期間指定は必須

「サービス」は、人によって必要とするものが違うと思います。個人的に使えたほうがいいと思うのは、**条件付き注文、期限付き注文、モバイルサイト（アプリ）**です。

条件付き注文はいろいろ種類がありますが**「逆指値」**は必須。加えて「引け指／引け成」が使えれば、大体こと足ります。「引け指／引け成」は、ザラバに付いた最後の価格（引け値）で売買するための注文です。

例えば「株価が○円以上で終われば、日足が節目を突破して終わるので買いたい。でも、上がりすぎたら遠慮する」という時に、「逆指値」で「引け指」を出しておきます（逆指値については128ページも参照）。

また、注文は「○日まで有効」のように期間を指定できると便利です。例えば、ボリンジャーバンドがセクシーになっている銘柄の2σの外側に逆指値を入れておけば、ずっと監視していなくても「動き出したところで捕まえる」ことができます。

ザラバが見られない「兼業トレーダー」には、モバイルサイトも重要です。さすがに今どき携帯サイトに対応していないネット証券は皆無ですが、携帯でどこまでのサービスが利用できるか（例えば株価更新は自動か手動か、詳細なチャートも表示できるか）は、かなり差があります。また、注文が約定したり、登録銘柄が設定価格に達するとメールで教えてくれる機能もあって、工夫して使うとかなり重宝します。

この3つのポイントで選ぼう！

証券会社選びのポイント!

1 手数料

最初は1売買ごとの手数料で契約し、自分が毎月どの程度のトレードをするかわかったら「1日定額とどちらが有利か」検討を。手数料を抑えるなら信用取引の活用も考えよう。

トヨタ株下さい
手数料は500円です！

2 サービス

何を必要とするかは人それぞれだが、条件付き注文の種類、PTS(夜間取引)、モバイル対応は各社で差がある。「アナリストのレポートが読める」などは正直どうでもいいかも…。

明日の昼の1時に100円以下になったら株を買いたい！
エラー

3 トレードツール

各社がそれぞれ提供しており機能的な優劣は大差ない。使い勝手は「慣れ」によるところが大きく、あとは自分がどう使いこなすかの問題。取引実績により無料になるものが多い。

セクシーボリンジャーが使えるところがよい！

ワタナベくんの 株のネタ帳

コストの安いは七難隠す!?
手数料の安い証券会社

これから株を始める人に「口座開設するならどこがいい？」と聞かれたら、無難なところでSBI証券か楽天証券を推薦します。両社は「ネット証券No1」の座を巡り熾烈な競争を繰り広げた結果、売買手数料はほぼ「業界最安値」になっています。大手の強みで、金融商品の種類やサービスはとても充実しています。

もし「そんなにサービスがあっても使わないし、フツーに日本株ができて手数料が安いところがいい」のであれば、GMOクリック証券からイブスター証券が最強です。なお、手数料は変更されることがありますので、最新情報は「ザイ・オンライン」でご確認ください。

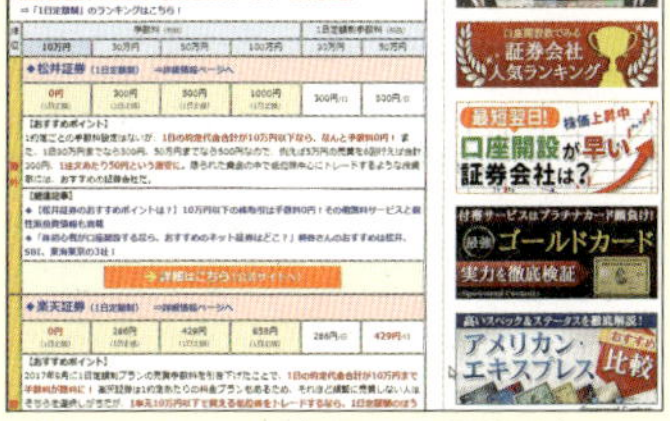
【2017年12月1日時点】
【証券会社おすすめ比較】売買手数料ランキング（1約定ごと）
松井証券
楽天証券
証券会社人気ランキング
口座開設が早い証券会社は？
ゴールドカード
実力を徹底検証
アメリカン・エキスプレス
比較
ダイヤモンドZAiは毎月21日発売です！

ザラバが見られる人にも「緊急脱出装置」として逆指値が有効だ!

自動売買注文を便利に使おう

株を買ったらすぐ逆指値で損切り注文

自動売買は、あらかじめ設定した株価に達したら、証券会社が自動で注文を出してくれる機能です。代表的なのは**「逆指値」**で、大半のネット証券が対応しています。

通常の「指値」は、注文を出した時点で指値よりも安く買うことが可能であれば（あるいは高く売ることが可能であれば）、その価格で約定します。一方**「逆指値」**は、あくまで**自分が指定した高値／安値に達してからでないと発動されません**。

チャートを売買の根拠にしている投資家「この高値を超えたら買いたいが、超えなければいらない」「この安値を割り込んだら損切りするが、それまでは売らない」というシナリオに基づいた戦略を立てているので、逆指値は非常に便利な機能です。

特に損切りでは「ここで売る」と決めていても、いざ下がると「いや、もう数分待ったら株価が戻る可能性もあるじゃないか」などと気持ちが揺らいでしまいます。しかし、それを是としては、テクニカル投資の意味がありません。

また、相場から目を離した隙に株価が急落して、思っていたところで売れなくなることだって、ないとは言えません。複数の銘柄を手掛けていれば、なおさらです。

根拠のある売買を遂行するためにも、**損切り注文はポジションを持ったらすぐに逆指値で入れてしまう**ことをオススメします。

多彩な自動売買は使いこなせてこそ

「逆指値付き通常注文（ダブル指値）」というのもあります。通常の指値と逆指値を同時に予約できるもので、どちらかの注文が実行されれば、もう片方は取り消されます。ポジションを持ったらすぐ、損切りと利益確定の注文を同時に出せるわけです。

個人的には、**あらかじめ利益確定の指値を入れておくのは、オススメしません**。というのも、株価は手ごわい節目を超えた時ほど強力に上昇するものです。利益確定は株価上昇が途絶えたのを確認してからでも遅くありません。

ほかにも「買い注文が約定したら、その株の売り指値を出す」とか「保有しているA株が売れたら、その資金でB株の買い注文を入れる」などの自動売買が利用できる証券会社もあります。ただ、使いこなすのが結構難しく、個人的には「逆指値があれば十分かな」という結論に落ち着きました。

便利に使いたい自動売買注文!

注文名	こんな時に使う!	実際の機能	使えるおもなネット専業証券会社
逆指値	上がったら買い、下がったら売りたい時（損切りに最適）	指定した価格になったら、売買注文を執行!	SBI、マネックス、楽天、カブドットコム、松井など
ダブル指値	利益確定と損切り注文を同時に出したい時	指値＋逆指値を同時に出せる注文	マネックス、楽天、カブドットコム
引け成行注文	今日中に必ず手仕舞いたい時	大引け直前に成行で売買を実行する（約定しない場合も）	SBI、マネックス、楽天、カブドットコム、松井など

買ったらすぐに逆指値を入れよう！

自動売買注文は「逆指値」が使えれば十分!

STEP 1

チャート分析で「買い」を入れる!

左は「二番底」のチャートを狙った作戦。前回安値で反発すると「この株はこれ以上は下がらないんだな」と意識されて、買い勢力が強気になる。すかさず買いを入れる!

STEP 2

思ったとおりに動かなかった時のために

しかし、もし「二番底の底」を割り込むと「なんだ、まだ下があったのかよ…」ということで一転、売る人が増える。当初のシナリオが崩れた場合のために、逆指値の売りを入れておく。

逆指値注文を入れよう!

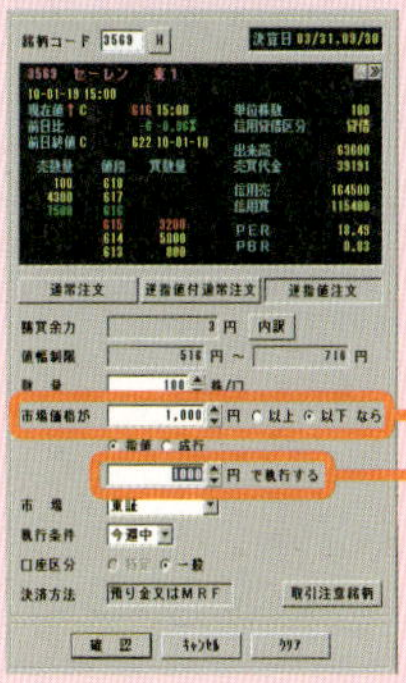

節目を割ったら

逆指値は「株価が○円以下になったら△円で売る」というシナリオに沿って出す。この場合は前回安値を割り込んだら損切りしたいので、前回安値より安い価格に設定する（例：前回安値が500円なら498円など）。

希望の株価で損切り

損切りの場合「○円になったら△円で売る」は、○円＞△円とすること。指定価格に達してから発注されるのでタイムラグも考慮して、数円安い価格に指値しておくのがコツ（「株のネタ帳」を参照）。

ワタナベくんの株のネタ帳

薄商いの銘柄に気をつけろ！
逆指値の注意点

損切りはスパッと切るのが命なので、逆指値を使うなら実効性重視の価格設定にしておくことです。特に節目では大口注文が出て、株価が一気に動きます。「498円になったら498円に指値」として、いざ機械が発注したら、相場は486円になっていたなんてことはあり得ます。「それなら成行きを使おう」と考えるところですが、薄商いの銘柄には注意が必要です。もし、自分の売りを引き受けてくれる買い注文が入っていなければ…あなたの成行注文は、自動でどこまでも下値（といっても最悪ストップ安までですが）を追い求めて行くのです。

東証2部や新興市場では、たまにこうした勇猛果敢な注文が出ては、日足に長〜いヒゲを作っているのですが、これは逆指値が執行されたものではないかと僕はにらんでいるのです。実際、自分もこれでやらかしちゃったことがあるので（悔）。皆さん、くれぐれもご注意を！

もしもの時はPTSで売り逃げよう

東証でもJASDAQでもない、証券会社が仕切る市場

夜間に悪材料が出たら…現物株ならPTSで売る

株式市場は午後3時で終了し、翌営業日の午前9時まで開きません。この間に悪材料が出たり（重大発表は市場が閉まった後に行なうのが、上場企業のたしなみです）、海外市場が急落すると、翌日の日本株が下落する可能性は非常に高くなります。

デイトレ専門だった頃は、このリスクが怖くて毎日ポジションを手じまい、現金100％で夜を迎えていました。おかげで株価を気にせず安心して眠れましたし、海外市場の暴落も「さぁ、明日は安く買えるぞ」とワクワクしながら見ていることができました。

現在は、スイングトレードが中心になり、ポジションを持ち越すことが増えたので、夜間のリスクもある程度は覚悟しています。これに対処するベストな方法は、なかなか見つかりません。せいぜい米国の主要企業決算や重要指標の発表日には、用心するといったくらいでしょうか。

保有しているのが現物株なら**「PTS（私設取引システム）」**で売るという手もあります。これは証券取引所を通さずに株を売買できるシステムで、大手ネット証券数社が対応しています。

残念ながら現状は全体的に取引量が少なく、特に材料が出た日には、大型株でも思った値段で売れません。とはいえ、いざという時に売れる機会があるのはありがたいことです。

日経平均先物でリスクヘッジする手も

個別銘柄のうんぬんではなく、市場全体に関わるような悪材料なら「日経225先物」「日経225ミニ先物」で対処するのがいいかもしれません。翌朝の保有株や信用建玉の下落は避けられないでしょうが、せめて先物の売りで利益が出ていれば資産全体では「ヘッジ（リスク回避）ができた」ことになります。

先物とは「決められた将来の期日に、現段階の価格で売買する権利の取引」なのですが、まあ日経平均株価の取引だと思って売買すればいいと思います。

先物のいいところは市場取引時間が9時～15時10分と16時30分～翌5時25分まで行われていること、レバレッジが最大30倍（ミニの場合）まで掛けられることです。

レバレッジが掛けられるメリットは、ここでは大儲けを狙うためではありません。先物をやるには「先物・オプション口座」を開設して証拠金も株の資金とは別に入れておかなければならないのですが、いざという時に大きなレバレッジがかけられるのなら普段預けておくお金は限定的にしておけます。

レバレッジが大きく利かせられるという面で現物株や信用取引よりもリスクがあり、初心者向けではないかもしれませんが、きちんと勉強した上でやられるぶんには悪くないと思います。

出来高の多いところが約定しやすい！

PTSを使った対処をしよう!

夜間にもPTSで売買できる証券会社

夜間に売り逃げしたかったら

SBI証券
https：//trading1.sbisec.co.jp/

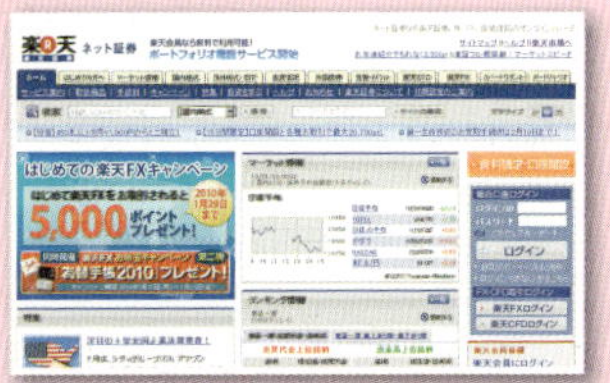

楽天証券（2018年度中再開予定）
https　：//www.rakuten-sec.co.jp/

松井証券
https：//www.matsui.co.jp/

指値注文のみで成行や板寄せはなし。株を売りたい時は気配値に売り指値を出して誰かに買われるか、誰かが出している買い注文にぶつければ約定する。取引時間は① 8：20〜16：00、②17：00〜23：59（2018年10月現在SBI証券の場合）。

ふだんの証券会社で!

日経先物でヘッジも

カブドットコム証券
http：//www.kabu.com/

急な相場の変動で持ち株を売却できないときは、「日経225先物」「日経225ミニ先物」でヘッジをかけるのもひとつの手だ。扱っている証券会社は多いので、ふだん株を売買している証券会社でOK!
朝8:00〜朝5:30くらいまで取引可能なことが多い！

用語解説 KEYWORD

自動最良執行注文《じどうさいりょうしっこうちゅうもん》

取引所のザラバと並行した時間帯では、同一銘柄でもPTSと取引所で異なる価格になっている場合がある。カブドットコム証券の「自動最良執行注文」は、取引所とPTSの価格を比較し、投資家に有利な市場を自動的に選んで発注する。

即時決済サービス《そくじけっさいさーびす》

松井証券のPTSは「即時決済取引」という名称で、取引所と同時間帯に同価格で売買する。一見メリットがないように思えるが「即時決済取引」で売買すれば、差金決済（121ページ参照）に引っかからず、限られた資金でも同一銘柄を何回でも売買できる。

マーケットメイク方式《まーけっとめいくほうしき》

通常の株取引は売り手と買い手の価格条件が合致したところで売買が成立する。対して「マーケットメイク方式」では、マーケットメーカー（証券会社など）が間に入り「この価格で買います／この価格で売ります」という条件を提示する。参加者が少ない市場では、有効なシステム。

EPILOGUE

エピローグ

株トレーダー ワタナベくんは今日も生きている！

あれから ワタナベくんは
考えていた
信じて持ち続ける…か
でも何を信じるんだろ
経営者？
株主の皆様 私を信じてください！
バシ
じゃないよな…
申し訳ございませんでした
でも自己責任でヨロシク
信じろって言ったろ！
信じてたんだぞ
責任とれ！
日本の未来？
大きくなったらパイロットになるんだ
アタシ看護師さん
関係ないよな
んだ？ゴルァ
殺っちゃいなよ！
チャートはどうだ!?
ゴールデンクロス
上昇の強いサイン
…だめじゃん
ダマシ
値動きがセオリーを無視すること
結局相場には何一つー
信じられるモノなんてないんだ

トレードは戦闘、相場は戦場だ
殺るか殺られるか
己が生き残るためには他人の生き血を啜り
屍を踏み越えて行くくらいの覚悟が必要なんじゃないか!?
……
なーんて…
考えるほどわからなくなるな…
アタマで考えてわかるワケねーだろ!!
特訓やってたのか
オラオラいくぞ!!
こ…こい!
あーびっくりした
カキーン
体で覚えるんだ
まだまだ
ゼェゼェ

おおおおお
カッ
バシッ
スゲー
よーし
掴んだ
ようだな
ありがとう
ございました
ボクもやろう
特訓を!!
その夜から
ワタナベくんの
猛特訓が始まった
それは上場全銘柄の値動きを
毎日欠かさず見続けて
チャートを体で覚えるという
伝説の
チャート三千本ノック
だった!

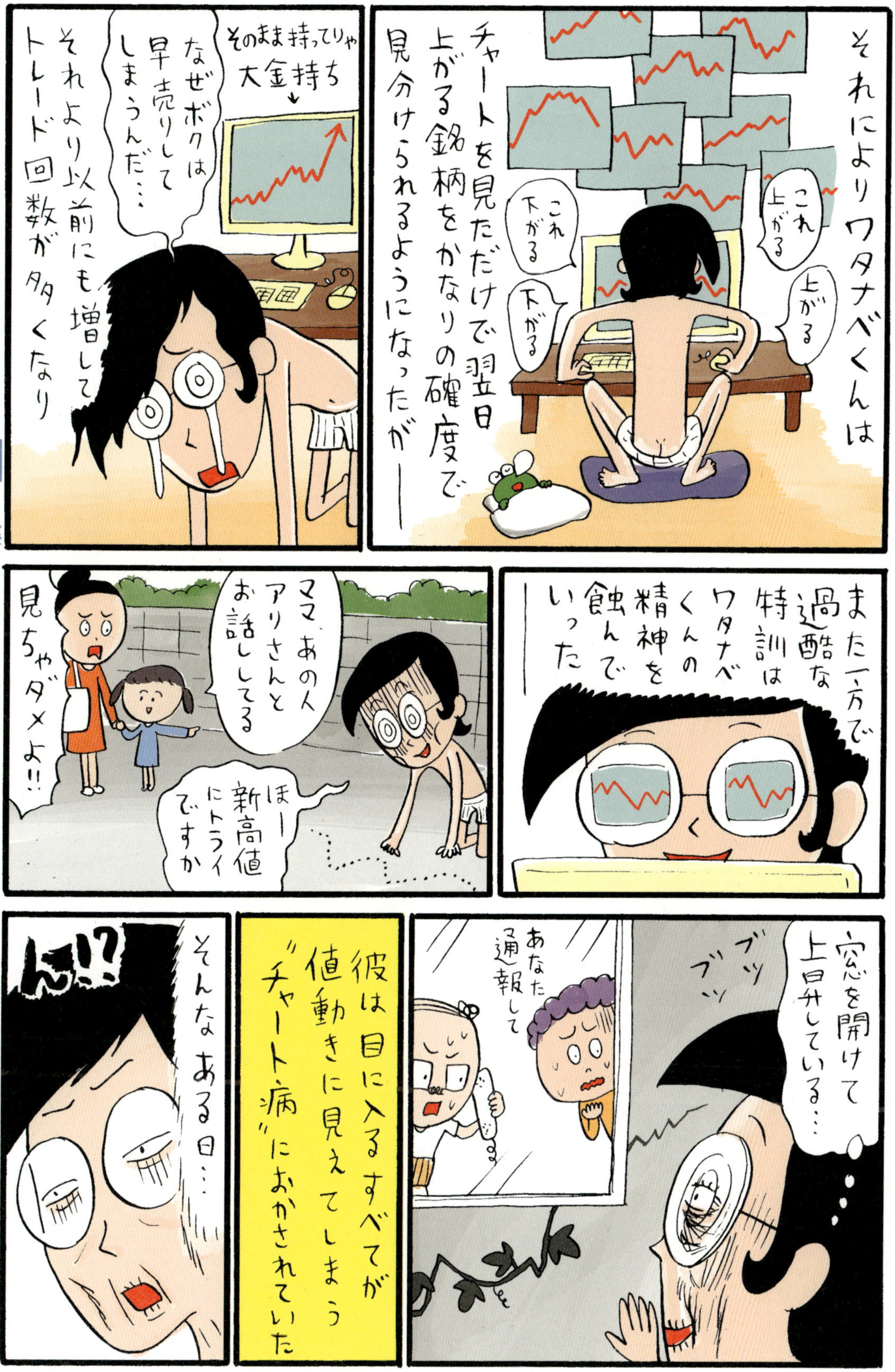

それによりワタナベくんは
チャートを見ただけで翌日上がる銘柄をかなりの確度で見分けられるようになったがー
これ上がる
上がる
これ下がる
下がる
そのまま持ってりゃ大金持ち
なぜボクは早売りしてしまうんだ…
それより以前にも増してトレード回数が多くなり
また一方で過酷な特訓はワタナベくんの精神を蝕んでいった
ママあの人アリさんとお話ししてる
ほー新高値にトライですか
見ちゃダメよ!!
窓を開けて上昇している…
ブツブツ
あなた通報して
彼は目に入るすべてが値動きに見えてしまう〝チャート病〟におかされていた
そんなある日…
ん!?

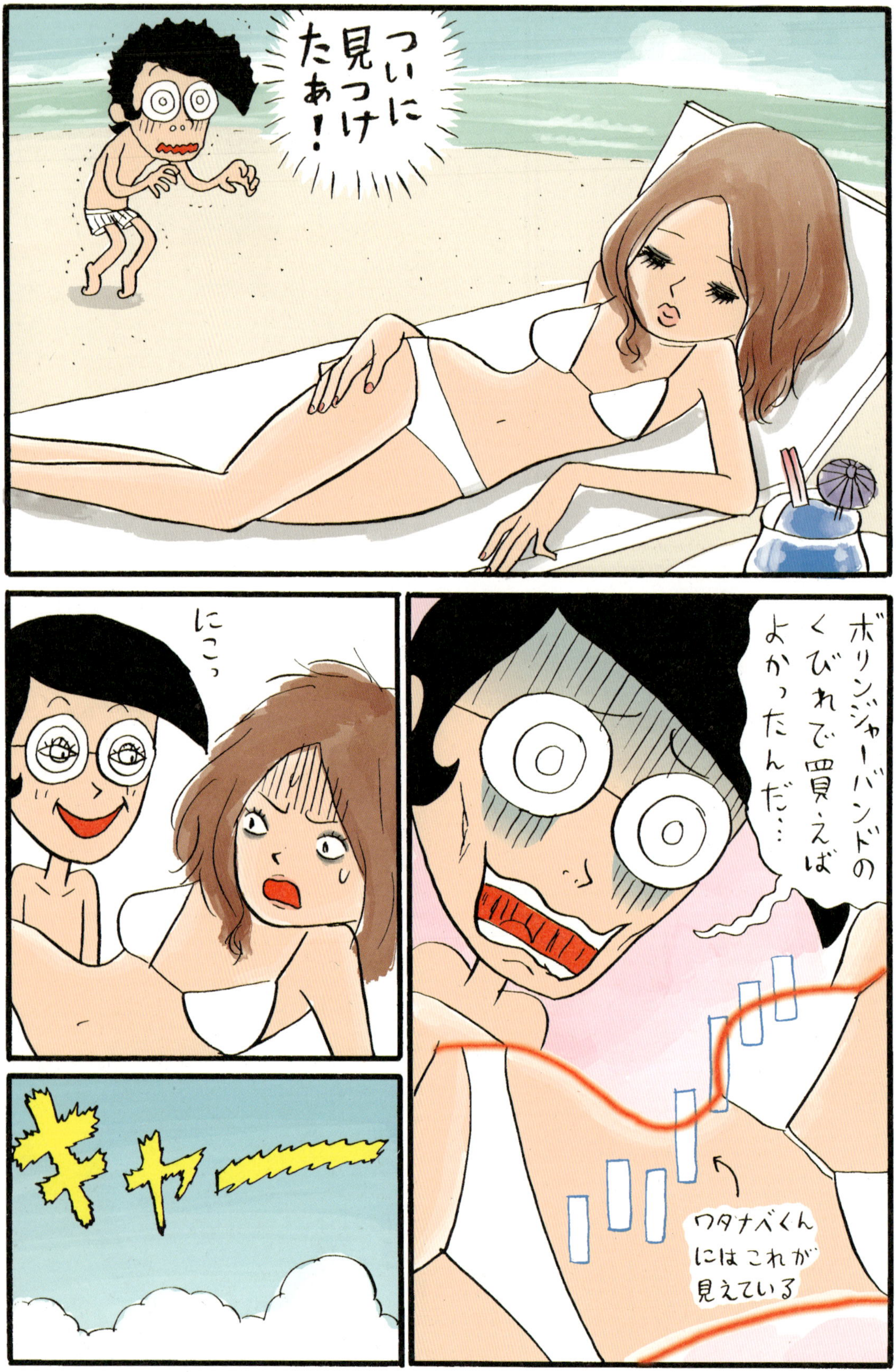

ついに見つけたあ！
ボリンジャーバンドのくびれで買えばよかったんだ…
ワタナベくんにはこれが見えている
にこっ
キャーーー

EPILOGUE

ワタナベくんは今日も生きている!

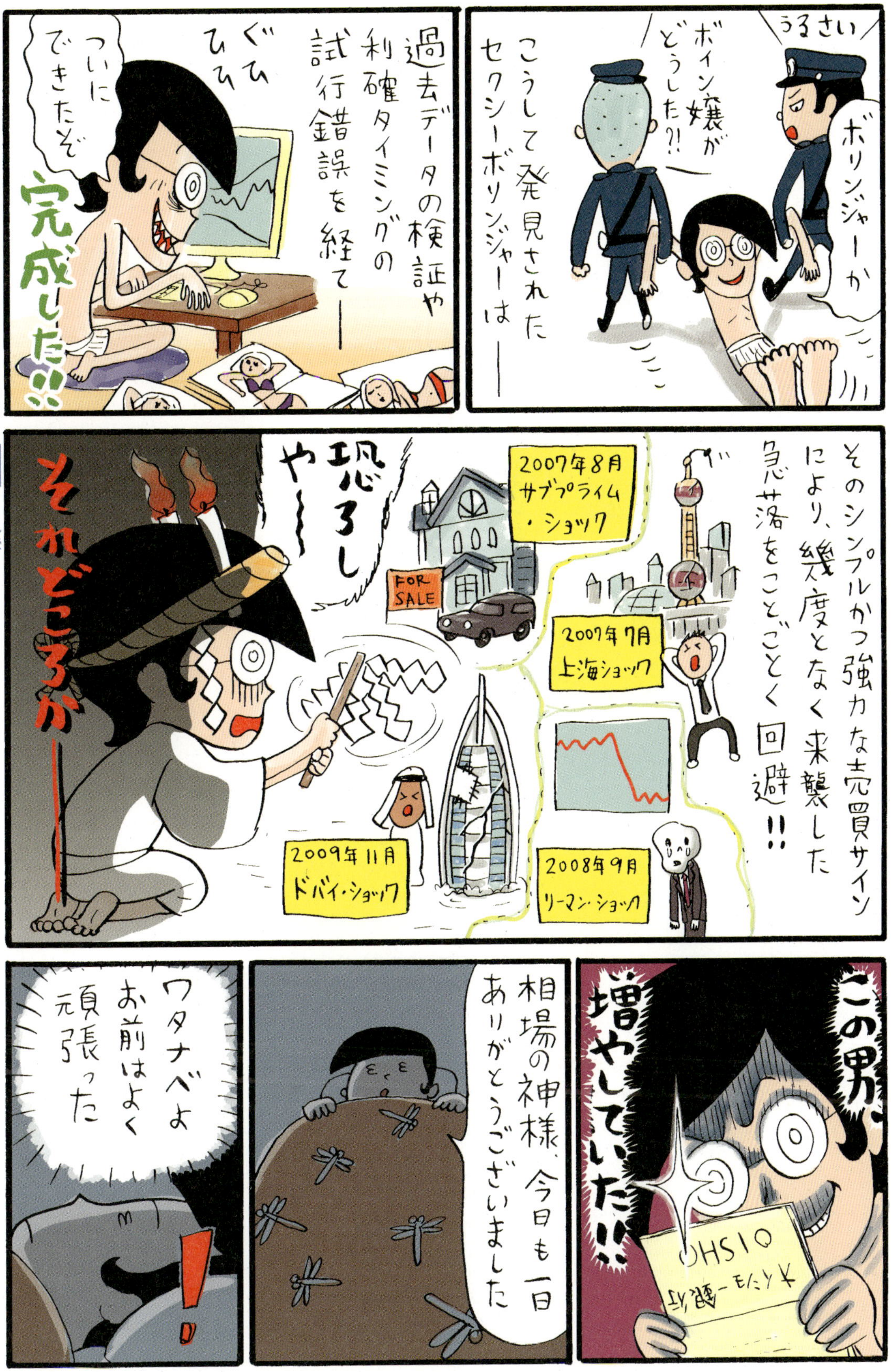

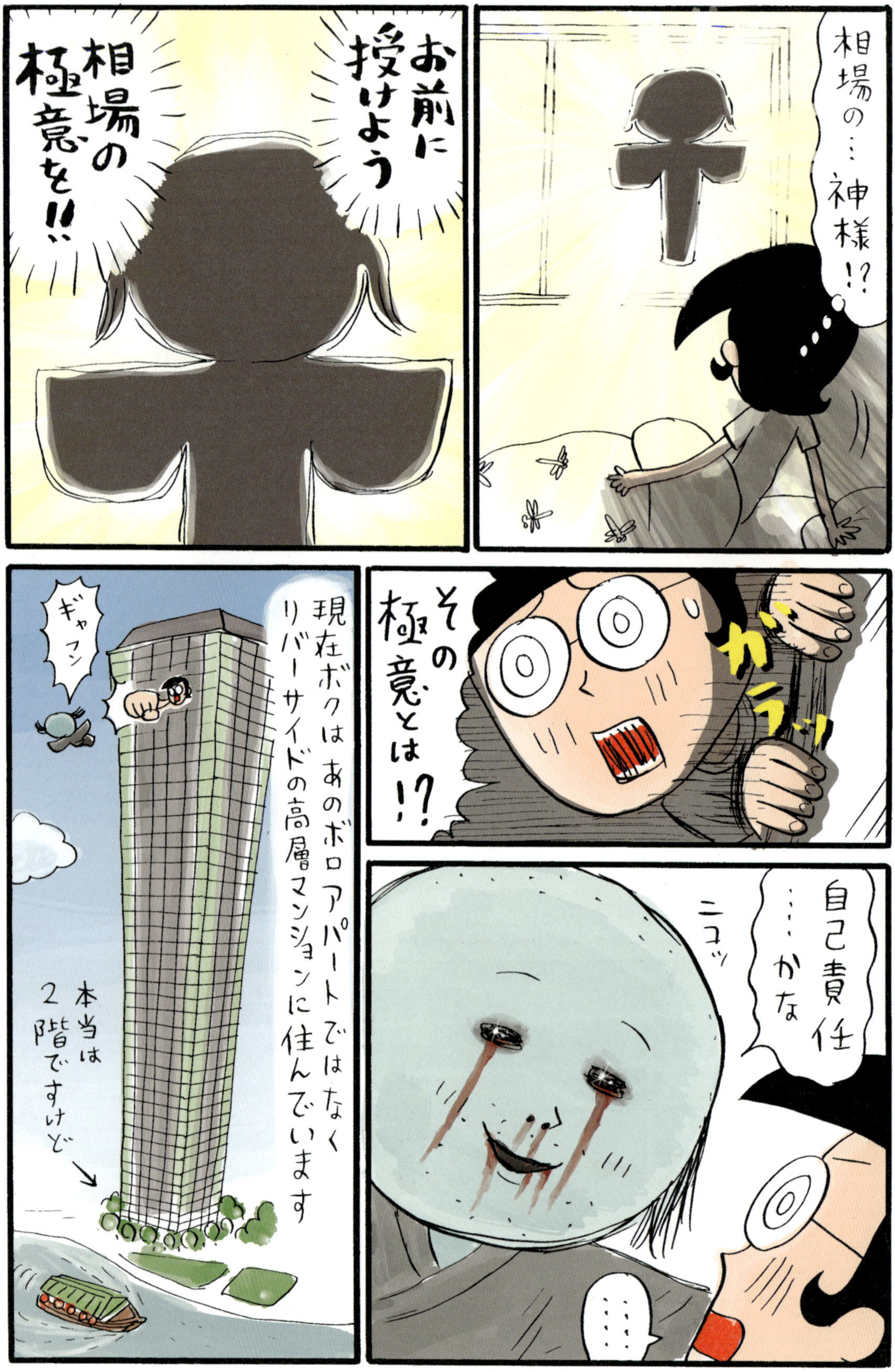

相場の…神様!?
お前に授けよう
相場の極意を!!
その極意とは!?
自己責任…かな
ニコッ
…
現在ボクはあのボロアパートではなくリバーサイドの高層マンションに住んでいます
ギャフン
本当は2階ですけど

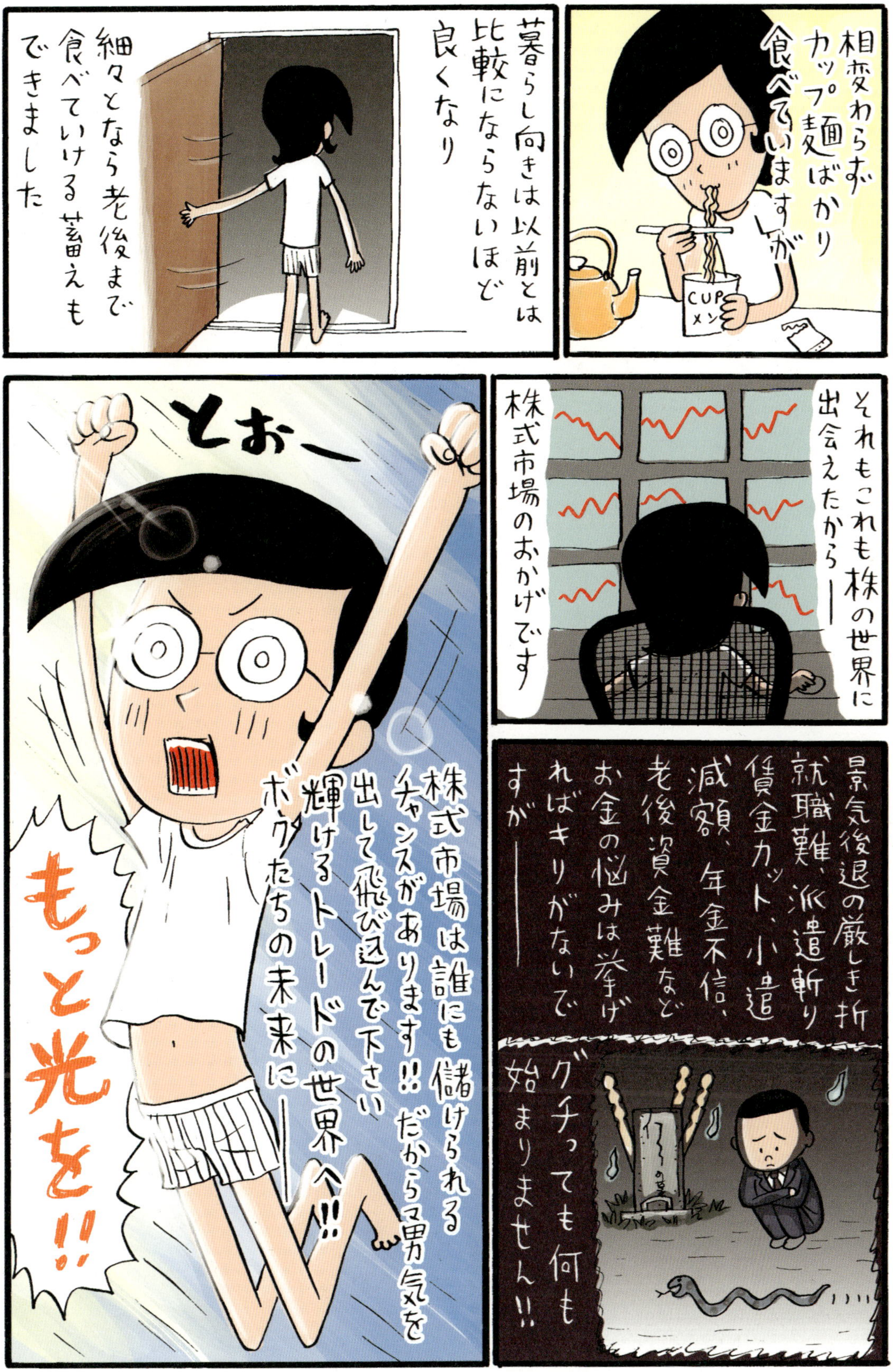
相変わらずカップ麺ばかり食べていますが
CUP メン
暮らし向きは以前とは比較にならないほど良くなり
細々となら老後まで食べていける蓄えもできました
それもこれも株の世界に出会えたから――
株式市場のおかげです
景気後退の厳しき折 就職難、派遣斬り 賃金カット、小遣減額、年金不信、老後資金難など お金の悩みは挙げればきりがないですが――
グチっても何も始まりません!!
とぉー
株式市場は誰にも儲けられるチャンスがあります!! だから勇気を出して飛び込んで下さい 輝けるトレードの世界へ!!
ボクたちの未来に――
もっと光を!!

みなさまに感謝! あとがきにかえて

本書は、最初は2007年の春には出る計画だったのですが、完成寸前までいって諸般の事情により、立ち消えになりました。諸般の事情とは、ZAiの尾川賢志編集長がデスクの肥やしにしたことです。

その間に、相場はずい分変わってしまいました。あんなに賑わっていた新興市場には、今や閑古鳥が鳴いています。デイトレはすっかり下火になり、ど短期勝負の人たちはみんな「FX」に行ってしまいました。僕は「株」が好きだったので居残ることに決めましたが、通用する手法が減ってしまい大変でした。

そんなこともあって、原稿は全部書き直しになりましたが、時間がかかった分「セクシーボリンジャー」には磨きがかかり、完成度が高まりました。サブプライム・ショックやリーマン・ショックの荒波にも耐え、ジョン・ボリンジャーさんにもお墨付きをいただきました。結果的に、いいことだらけでした。

この本を読まれた多くの方は「まんががいちばん面白かった」と思われたかもしれません。まんがを描いてくださったのは、巨匠・朝倉世界一さんです。朝倉さんは少女まんがを描かれる方で、本来ものすごくメルヘンチックで可愛い作品が多いのですが、僕のことは特別にキモ面白く描いていただいて、とても嬉しかったです（でも、どうして僕はいつもパンツ一丁ってことになってるんでしょうか？）

装丁とデザインを作ってくださったのは、FANTAGRAPHの河南祐介さんです。河南さんは僕の知っている編集者が口々に「あの人は天才だ」と言うスゴ腕デザイナーなのですが、想像を遥かに超える素晴らしい本に仕上げていただきました。感動です。

いろいろな方にお礼を言いたいのですが、自分の本が実際に世に出ることになった今、いちばん感謝したいのは、やっぱり尾川編集長です。この本にある図版やチャートは、全て尾川さんが直々に描き起こしてくださったものです。このために何日も徹夜をさせてしまいました。思えば5年前、僕を最初にZAiに出してくださったのも尾川さんでしたし、その後も何かと面倒を見ていただいて、心から感謝しています。

あとは、この本を読んでくださったみなさんがトレードで利益を重ね「ワタナベのセクシーボリンジャーはスゴかった…」と言ってくださったなら、もう何も思い残すことはありません。さようなら。

ワタナベ拝

ダイヤモンド・ザイとは

平易な文章とふんだんな図版・イラストで分かりやすく、お金・投資・年金などの最新情報や得する情報を提供する月刊誌として人気。特に「株主優待カタログ」や「20万円以下で買える株」など人気企画のファンは多い。実践的な投資法やカリスマ個人投資家を数多く取り上げることでも話題。（毎月21日発売）

一番売れてる株の雑誌ザイが作った
チャートで稼ぐ「株」入門

2010年3月11日　第1刷発行
2022年1月7日　第8刷発行

著 ———— ダイヤモンド・ザイ編集部×ワタナベくん

絵 ———— 朝倉世界一

発行所 ———— (株)ダイヤモンド社
〒150-8409
東京都渋谷区神宮前6-12-17
https://www.diamond.co.jp/
電話　03-5778-7248（編集）　電話　03-5778-7240（販売）

装丁・本文デザイン ———— 河南祐介　五味 聡（FANTAGRAPH）
図表デザイン ———— 地主南雲　板垣光子
撮影 ———— 和田佳久
チャート提供 ———— 楽天証券
製作進行 ———— ダイヤモンド・グラフィック社
印刷 ———— 加藤文明社
製本 ———— ブックアート
編集担当 ———— 尾川賢志

ISBN978-4-478-01268-0

本書は投資の参考となる情報の提供を目的としております。投資にあたっての意思決定、最終判断はご自身の責任でお願いいたします。本書の内容は2010年2月現在の物であり、予告なく変更されることもあります。また本書の内容には正確を期するよう万全の努力をいたしましたが、万が一の誤り、脱落等がありましても、その責任は負いかねますのでご了承ください。